介护的质量

——对“2050年问题”的挑战

介護の質「２０５０年問題」
への挑戦——高齢化率４０％時代を豊かに生きるために

[日]森山千贺子　安达智则　编著
张清华　译

中国劳动社会保障出版社

图书在版编目（CIP）数据

介护的质量：对“2050年问题”的挑战/（日）森山千贺子，（日）安达智则编著；张清华译. —北京：中国劳动社会保障出版社，2016

ISBN 978-7-5167-2669-3

Ⅰ.①介… Ⅱ.①森…②安…③张… Ⅲ.①老年人-护理学 Ⅳ.①R473

中国版本图书馆CIP数据核字（2016）第236950号

北京市版权局著作权合同登记号 01－2015－5327

KAIGO NO SHITSU [2050] NEN MONDAI HE NO CHOSEN

by Chikako Moriyama and Tomonori Adachi

介護の質「2050年問題」への挑戦——高齢化率40％時代を豊かに生きるために

森山 千賀子、安達 智則

中国劳动社会保障出版社出版发行

（北京市惠新东街1号 邮政编码：100029）

*

中青印刷厂印刷装订 新华书店经销

787毫米×1092毫米 16开本 13.25印张 197千字

2016年10月第1版 2016年10月第1次印刷

定价：35.00元

读者服务部电话：（010）64929211/64921644/84626437

营销部电话：（010）64961894

出版社网址：http://www.class.com.cn

序　言

森山千贺子

现在，全世界认知障碍症患者人数已达到约 3 560 万人，而世界卫生组织在 2012 年 4 月预测，“2050 年将达到 1. 1 亿人”。虽然经合组织（OECD）在报告中推测日本的高龄化比率在 2050 年将达到 40%，但坦率地讲，一直感觉 2050 年离我们还远。

实际上，距离 2050 年还有 38 年（按成书时间算），想到自己作为后期高龄者也许能活到那个年代，再思考下一代人的状况，我们就必须迎接旨在提高个人生活质量的“对介护质量（2050 问题）的挑战”。

我们在 2007 年 10 月设立了“介护质量及评价体系研究会”（以下简称“研究会”），每隔 2～3 个月召开一次公开学习交流会，至今为止会议总共已召开过 23 次（请参照资料部分）。

在研究会成立初期，由“地区介护综合评价机构”（请参照第三篇第一章）的成员提供研究话题，对什么是介护质量、第三者评价制度是否能够真正对介护质量进行评价等展开了交流和讨论。参会人员逐渐成为下次会议的话题提供者，开始探讨每个人思考的介护质量以及高质量的介护实践，我们重新认识到了介护质量与地区、社会、国家有关，关系到人们的生活质量和人生质量。

虽然听到“超高龄社会”一词已时隔已久，但人类第一次体验的超高龄社会现象标志着认真对待如何才能生活幸福这一根本性问题的时期已经到来。这本书如果能得到关心介护质量、从事提高介护质量工作的更多人的关注和阅读，并能成为人们相互讨论介护质量的契机，我们将不胜欣喜。为提高明天的介护质量，笔者希望能与大家共同创造丰富多彩的社会。敬请雅正。

对提高介护质量的呼吁

“介护质量”一词本身听起来似乎比较难懂，这本书尽可能使用日常语言来简单易懂地表达我们正在努力提高的“介护质量”。

所有人都享有接受高质量介护的权利，介护实施者也具有享受持续正常生活的权利。介护服务的接受者，实施介护的专业人士、家属以及自发参加介护的市民都不能牺牲自己的人生，所有人都能享受多彩的人生，才能说是保障了介护的质量。

从事介护的人员及家属在承担介护的同时应能得到充分休息，从而获取满足自己兴趣的时间，可以与友人交流和参加社会活动，他们拥有享受这种生活的权利。

这种保障高质量介护的新的人权已在社会中得到认可，为了维护这个权利，就要求从事介护相关工作的行政部门、企业及市民在平时工作中要努力提高介护质量。

我们知道在日本各地，最起码在介护现场，人们一直在努力地实施提高介护质量的措施。我们深感广泛地推广介护质量的提高措施非常有必要。

目前，介护机构（特别是养护老人院等）的数量不足、肢体动作不熟练的介护认证护工和家庭助工、能帮助老人在家里走完一生的医疗及居家介护团队的数量也不足，在人生最后时期仍能保障人的尊严的居家介护体系以及作为居家延长的能够使老人自由随意生活的养老机构也仍存在不足，这是日本介护的现状。因此，很多老人被迫生活在人生最大的苦恼之中。

但单纯地扩大高龄者养老机构建设和增加介护员工并不能有效地提高介护质量。介护与以出院为前提的住院治疗不同，会更长久地伴随需介护者的人生。在长期的人与人的紧密接触中，不管情愿与否都会出现感情及感性上的疲惫，这种疲惫的感情和感性必须得到恢复。

根据这些介护特性可以看出，介护政策从最初起就具有同时追求“量性充足”和“质的提高”的性质。

另外，需要把需介护者和承担介护者的基本权利作为“介护保障基本权利”加以确立。在当今法律体系中，“介护保障基本权利”应当在介护保险法或老人福祉法中进行明文规定。但遗憾的是，目前仍没有对这个权利的明文规定。

以日本宪法第 11 条（基本人权）及第 25 条（保障最低程度生活）为基础，根据拥有享有追求幸福的基本权利这一最高法规，我们认为应当在国家和社会中实现“介护保障基本权利”。

面临即将到来的 2050 年问题，即高龄化比率达 40% 的时代，可以说，我们进入了不是只有特殊人群需要介护，而是几乎所有市民都与介护相关的时代。

如果有人问什么是“介护的质量”，我们的回答是：介护质量是必须立刻解决的现代社会问题，国家和自治体应根据旨在提高介护质量的政策体系，发挥行政和财政上的公共职能；介护服务经营者应以非营利为原则提供良质介护服务；介护劳动者（护工及家庭助工）不把需介护者当成物品，而是享受人与人之间的对话，并以站在更能提高介护质量的最前线而自豪；家属、亲属及市民志愿者具有以兼顾介护和实现自我生活为荣的自我意识。因此，我们把具有市民、行政以及企业相互关联的各种活动称为“介护质量改革的社会总运动”。

不要踌躇是否能够做到，要在学习已经开始实施的先驱性措施的同时，迈出创造保障介护质量的地区和社会的第一步。

目　录

第一篇　来自介护现场 1

第一章　对介护质量的大众思考 3

1. 任何人都有接受高质量介护服务的愿望 3

2. 关注介护质量的理由 7

3. 向 2050 年问题进行挑战——为什么经合组织的预测会失准 10

第二章　“老”的含义 17

1. 什么是“老” 17

2. 波伏娃《老年》中的人论 18

3. 波伏娃《老年》中的社会论 20

4. 波伏娃《老年》中的国家论 22

5. 波伏娃《老年》中的新型人类形象——获取新能力，使创造成为可能 23

第三章　从卧床介护到认知障碍症介护 28

1. 居家介护的变化——从卧床介护到认知障碍症介护 28

2. 介护质量的提高 37

3. 今后介护服务实施现场的课题 54

第二篇　有关介护质量的理论 57

第一章　“介护”的语义在变化——追求为提高质量而进行的范式转换 59

导言 59

1. 从明治时期起观察“介护”语义的变化 60

2. 第二次世界大战后日本福祉政策中对介护质量的规定 64

3. 介护实践质量改善的发展路程 73

4. 期待介护范式的转换 84
第二章 在家庭、地区、社会中生存——来自介护者的视点 91
1. 对介护家庭的新发现 91
2. 该从何种角度思考介护质量 92
3. 介护者的权利 98
4. 来自介护者支援的实践 102
5. 家属介护和介护质量——旨在介护质量的提高 111
第三章 以介护质量的发展机制实现多彩的生活 112
1. 追求介护质量的三个目的 112
2. 对介护质量赋予规范的“自由权、社会权、介护保障基本权”——阐释介护质量的三重结构和基于“质的数量”的发展机制 114
3. 医疗质量和介护质量的区别 122

第三篇 来自介护评价工作的现场 129

第一章 介护实施现场的每一步都改变着利用者，也改变着社会 131
1. 在医疗和福祉的夹缝之间 131
2. 从评价工作的角度思考介护质量 133
3. 对介护质量的评价仍存在改善的余地 137
4. 提高介护质量的措施带来了成效 140
5. 创造和改善舆论与行政也是提高介护质量的工作 147
第二章 探求有益于提高介护质量的评价 151
1. 介护质量评价的开始 151
2. 对认知障碍症患者的介护质量的评价 163
3. 有助于提高介护质量的评价体系 168
结束语 向保障介护质量的社会进发 180
1. 福祉国家的介护质量提高措施 181
2. 改善介护质量的三个视角和三个领域 184

3. 向介护质量的提高出发　190
资料　**192**
后记　**198**

第一篇

来自介护现场

第一章
对介护质量的大众思考

●安达智则

个人独白：没想到我能活到 60 岁。父亲在 57 岁时去世，我想我们家族的寿命大概也就如此，所以对我来说，这是预想之外的耳顺之年。今后该如何生活，是不是也会变痴呆，只知道工作，不认识其他人，会因对一年比一年更混杂的人群和满载的电车感到疲惫而回乡下吗？想在人生最后时刻和家人在一起，在音乐的环绕之中去极乐世界，但考虑到自己今生的所作所为，极乐世界会接收吗？真是令人担忧啊！

1. 任何人都有接受高质量介护服务的愿望

很多老年人[①]都祈愿自己能在家里健康地生活直至最后，而不是在养

---

① 本书中，分别使用了“高龄者”“老年人”和“老人”。“老年人”是作为具有亲切和感情的表现方式而使用的。

老机构。超过70、80岁，一个人做家务开始变得困难。如果再生病以至需要购物、饮食及打扫卫生等生活上的帮助，那么就要由家务助理员、家访护士以及专门医生组成的居家介护团队提供生活及健康上的支援。

在高龄者养老机构，大多数的职员都会对入住特别养护老人院的老人说：“要像生活在自己家里一样”，养老院生活是居家生活的延续，老人们应该正常地饮食、入浴，享受闲暇的乐趣以及安静的睡眠。

所谓人的正常生活，不是抹杀喜怒哀乐的感情，而是看到孙辈的孩子会满脸微笑，被人拿走喝到一半的茶会生气，朋友去世会悲伤，作画受到表扬会高兴，可以享受美食，和家属及助工聊天，睡眠良好等，是这种普通的生活。

始终关心社会动向也很重要，比如去投票选举。为了投票，就要始终关心社会动向。实施介护的人员有必要简明易懂地向老年人传达政治、经济及文化方面的信息。

从老年人的角度来看，他们享有知情权，如想了解有关年金、税金、介护保险、街道活动等的事项，只要对介乎人员说“请告诉我”就可以了。与年轻人相比，可能过了60岁的老年人对税金及年金等信息了解得更多。

● **虽然已经进入重视介护质量的社会，但劣质的介护服务仍然存在。**

在居家养老和养老机构的工作现场，工作人员是否都在努力地提高介护服务的质量呢？任何人都有接受高质量介护服务的愿望，因此就必须把社会建设成为能够使人们享受到这种介护服务的社会。

但在日本是不是可以说已经实现了高质量的介护服务了呢？遗憾的是还没有实现。

高龄者养老机构中依然存在介护人员的虐待行为。

《养老院涉嫌殴打老人——神户介护认证护工等3人被逮捕》（《朝日新闻》，2012年2月14日）这篇文章报道了介护认证护工打了73岁入住者的脸部，“压迫下腹部”等暴行，造成这位73岁女性的锁骨和肋骨骨折。

《高龄者虐待防止法》自2006年实施以来，向市、区、町政府告发的虐待事件的数量似乎在增加，这是因为虐待行为依然没有得到有效的防止。

介护自杀、受护者孤独饥饿死亡、介护杀人等这些令人惊悚的事件通过电视和报纸得到了报道。为了介护父母而辞去工作的人数也有增无减。

即使程度不同，因夜晚频繁的助厕需要也会造成介护者家属睡眠不足的问题，接受介护的老年人的睡眠数量应该与居家生活的老年人的睡眠数量一样多。介护的烦恼不仅存在于接受介护的老年人身上，实施介护的人员也同样具有这种困扰。

根据《介护保险法》(第 176 条) 规定，接受介护保险指定服务后，如有何不满的意见，可以向都、道、府、县的国民保险团体联合会（简称“国保联”）申诉。向国保联直接进行申诉是制定《介护保险法》的目的。但综观琦玉、千叶及神奈川等地的国保连 HP，意见申诉的对象首先是市、町、村政府和介护服务营业者。东京和大阪的国保联可以直接接受意见申诉，这可能是例外。

根据东京都国保联的统计，2010 年的申诉意见中涉及“服务质量”(占 22.3%，345 个)、“工作人员态度”(占 22.3%，344 个)、“管理人员的应对”(占 21.8%，337 个)。[①] 如果介护质量不好，就会有很多人进行申诉。

● 进入 2000 年后，“小泉结构改革”造成了介护质量的下降，日本国会对介护医疗的不良改革进行了追究。

介护保险制度始于 2000 年，作为对介护进行社会保障的体系，在社会巨大的期待中开始实施。因为是保险制度，所以规定老年人自己负担保险费及介护费用的 10%。

2001 年至 2006 年是小泉内阁执政时期。小泉内阁自称“不设限结构改革”，而全体国民则不得不承担起其政治负债。其间，医疗和介护经营者经营不断恶化，原因就在于介护服务报酬和诊疗报酬的下降。介护服务报酬下降导致中小及微小介护服务提供商的经营状况恶化，即使有提高介

---

① 《東京都における介護サービスの苦情処理相談白書・平成 23 版》东京都国民健康保险团体联合会、2011 年 8 月。

护质量的意愿，也没有多余的能力雇用介护人员。

这样一来，护理员虽然是介护服务中具有代表性的职业种类，但作为低收入、临时雇用的职业，社会地位始终不高。

根据小泉政府的“结构改革”，作为住宿成本，入住介护服务机构的老人开始负担以前是零负担的吃住费用。

以上这些小泉政府的“结构改革”引起了国民的极大不满，掀起了一阵批判。作为国会专家证人，增子忠道先生就有关介护保险问题提供了证词。增子忠道证词正是在 2005 年介护保险制度修改（新预防支付等）时撰写的。

增子忠道先生（参议院厚生劳动委员会 2005 年 6 月 13 日。时任东都保健医疗福祉协议会议长、医生）

我认为介护保险本来的目的是改善生活质量（QOL），而不可能改善日常生活行为（ADL）。

为有效地提供服务，今后就需要提升介护管理业务的质量，因此迫切希望届时能够就有关成功酬金体系进行研究和讨论。

从现场从事医疗及介护的角度来看，最令人痛心的是处于重度介护这一非常严重的状态并且接受居家介护的人们。我认为，对于那些需要重度介护的人们，不得不说介护保险是非常不充分的。保险支付中存在额度限制，如果费用超出就必须自己支付，很多人因此而感到困扰。

在介护保险开始实施之前，我们实施了居家 24 小时介护服务（与在 2012 年被制度化的 24 小时不同，这种服务是家访护士和家访介护结合提供的），根据调查计算，最重度介护约需要 60 万日元。

我们认为应该或者废除对介护需求度的支付额度限制，或者扩大约 2 倍的支付范围，通过行政达成一致意见，采取根据个人状况进行支付的对策。

然后，希望建立制度，确保在日本全国范围内实施 24 小时巡回护士与介护职工的双人巡回介护。（摘要，证言顺序不同）

在 2009 年的全国选举中，民主党政权取代了自民党和公民党的联合政权，政治环境发生了很大的变化。社会保障到底能得到多大程度的改善？在对 2010 年诊疗报酬和 2012 年介护及诊疗报酬的同时修改中，虽然做了一些改善，但并没有推进社会保障的根本性改善。

75 岁以上的超高龄者医疗制度继续存在，身体残障者自立支援制度方面则保留了受益负担制度，没有制订减轻身体残障者负担的计划。

在“社会保障及税收整体改革”中，提出了消费税增至 10% 的政策，这被强烈地批评是后退行为。政府强调，要通过所有人负担消费税以确保财政收入，以使社会保障制度得到持续发展，但是否真的可以安枕无忧了呢？

退休年金、医疗、介护及儿童保育，无论哪一项的内容都无法使人放心地生活。儿童保育成为购买保育，退休年金被减额，高龄者医疗负担提高到 20%，介护时间逐渐削减，公共社会保障退步了。

2. 关注介护质量的理由

● 提高介护质量的举措

热心地采取措施以提高介护质量的介护现场逐渐开始出现。《读卖新闻》记者饭田祐子女士以《通过获取资格和海外研修提高介护质量》（《读卖新闻》，2010 年 2 月 28 日）为题介绍了采取措施提高介护质量的介护现场。

“右半身麻痹不遂的老年人吃饭时弄脏了衣服，帮助老人坐上轮椅并从饭桌移动到衣橱前，直至帮老人换好衣服，完成时间要在 5 分钟以内”，这个程序将由一名员工完成，其他员工则手持计时器边观察边进行指导。

这是为获取除家务助理员二级及社会认证福祉士资格之外的“介护认证护工”资格而进行的训练，介护认证护工资格的获取要通过实际技术的测评，在养老机构内实施研修时便会有以上的模拟考试场景。

另外，为学习认知障碍症护理，有些介护服务经营者也会派职员去瑞

典进行为期 10 天的寄宿学习，学习瑞典的“联系制度”。所谓“联系制度”是指对每位高龄者确定主要负责人并实施个别看护。

另外，日本认知障碍症专业养老院也有比瑞典优秀的方面。在瑞典，老人的饮食是由饮食供给中心提供，因而比较简单，相比之下，日本“使用四季新鲜食材，职员与入住者共同制作并一起就餐的做法”就非常令人赞赏。

正如这里介绍的“联系制度”，充实对个人的介护是重视介护质量的基本要求。

像瑞典这样的福利国家，个体看护可能是理所当然的。与之相比，不得不说日本的现状还差的“很远、很远”①。

●厚生劳动省设立有关介护服务质量评价方式的研讨委员会

厚生劳动省并不是对介护质量毫无关注。2009 年，厚生劳动省设立了“有关介护服务质量评价方式的研讨委员会”②（委员长是武藤正树先生），该委员会进行了有关介护质量和评价的研究。

在 2011 年 10 月 7 日召开的社会保障审议会介护费用支付分会上，以《资料 3　关于介护服务质量的评价》的形式进行了报告。

资料中记载了把作为介护服务报酬向老人保健及老人特别养护进行加算的项目分成“构造（structure）”“过程（process）”及“成果（outcome）”，并进行分析的结果。究竟对什么样的介护质量进行了研究呢?

举例来看，“构造”是指“介护认证护工、正式职工、工作三年以上的职工所占比率超过基本标准”（服务提供体制加算），“过程”是指“老

① 《新たな福祉国家を展望する一社会保障基本法・社会保障憲法の提言》井上英夫、后藤道夫、渡边治编著，旬报社出版，2011 年。作为社会保障基本法提出了福祉构想国家的社会保障原则。保育、福祉、医疗、介护等社会服务显示了“基于实物供给的制度原则”以及“必要充分原则”“现场负责人的酌情尊重原则及当事人参与原则”“非营利原则”“无差别平等・无条件原则”等。关于“必要充分原则”请参考《市場原理の呪縛を解く》中后藤道夫的《“必要充足”と市場原理一福祉国家生活保障の思想》（大月书店、2011 年）。

② 厚生劳动省 HP。《社会保障審議会一介護給付費分科会、第 81 回》（2011 年 10 月 7 日）

人保健的老人终期介护加算，特别养护方面的临终介护加算”，“成果”是指“支援回归家庭功能加算”等，从这些角度对介护服务质量的评价进行了研究。

因为是与报酬加算相关联而进行的研究，厚生劳动省有关介护服务质量方面的研究可能与老年人以及介护服务提供现场实际感受到的介护质量会有所不同。

厚生劳动省的作用是查明介护质量恶化的原因。如果不查明质量恶化的原因，介护质量就不会得到改善。介护质量恶化的原因有因介护服务低报酬造成介护劳动者低工资，从而形成的人才慢性不足；10%的自我负担抑制了对介护服务的利用；因不同的介护需求度存在着利用额度上的限制，从而抑制了对必要的介护服务利用等几方面的原因。这些介护保险制度问题如果得不到解决，就无法防止介护质量的恶化。

● 面向 2015 年修改的“介护质量”

2012 年 4 月起，启动了地区综合介护体系，验证这个体系是否运作有效是在 3 年后的 2015 年介护报酬修改之前的课题。面向 2015 年的介护修改，还有很多尚未完成的课题研究。

从“社会保障审议会介护费用支付分会”的审议报告中可以看出课题研究的一部分内容①，其重点放在了“认知障碍症对策，提高介护服务质量和确立评价手法，评价及验证介护计划，把握定期巡回、随时应对服务、复合型服务的实际状况，充实生活期康复”等几个方面。

我们关注的是，作为今后介护保险制度修改的课题，“提高介护服务质量和确立评价手法”被放在了第二位。

厚生劳动省“有关介护服务质量评价方法研讨委员会”就质量评价和介护服务报酬的相关性进行了研究，这也可以看作制定对良质介护服务提供更高报酬标准的依据。对于介护服务报酬和介护质量的相关性，“有关介护服务质量评价方法的研讨委员会”没有得出最终的结论。

---

① 厚生劳动省 HP。《平成 24 年度介護報酬改定に関する審議報告》（2011 年 1 月 7 日）

我们进行的研究以“介护质量和评价体系研究会”这一名称开始，已经累积召开了23次会议。看起来与厚生劳动省研究会的目的具有相同的方向。

面向2015年的介护保险制度修改，可以确定“介护质量和评价系统”将会作为现代讨论的核心论点而成为焦点。

我们在反问“介护”本身，因为所处地位不能够设定介护服务报酬，于是就一边互相学习在介护服务现场中采取的质量提高措施，一边寻找提高介护质量的途径。因为向难以辨别的路径中注射了光亮，所以路途开始逐渐变得清晰。接下来本书将会展示一些旨在改善介护质量的途径以及事例。

3. 向2050年问题进行挑战——为什么经合组织的预测会失准

为进行国际比较，政府和研究者常使用经合组织的统计数据。从经合组织的统计中也可以看到关于高龄化的推算。

我们在20世纪80年代的高龄化社会危机论研究中，发现了1988年经合组织推算的预测数据。[①] 针对2050年的高龄化比率，那时经合组织对日本的预测数据是22.3%。

但是在2010年，经合组织关于2050年高龄化比率的推算数据是39.6%，两者之间出现了巨大差距。

日本厚生劳动省的人口预测准确性不高，东京自治体计划中的人口预测也不准确。而经合组织的推测数据也出现了这样大的误差，其原因何在?

为解开这个谜，我们访问了位于日比谷公园的东京市政调查委员会附近的经合组织东京中心，阅览了有关资料，但未能找到有关推算数据的研

---

① 《老いの経済学－「高齢化社会危機論」を切る》（KAMOGAWABOOKLET）、1989年、P. 9。

究论文。

我们向东京中心的事务局工作人员进行了询问："1988 年和 2008 年的高龄化推测数据之间出现差距，原因是什么？有没有关于其原因分析的任何资料和论文?"得到的回答是："在这里我们无从得知，我们要咨询经合组织本部。"

通过邮件他们询问了经合组织本部。过了一段时间，得到了来自巴黎本部的回答："没看到过有关这个问题的报告，不知道 1988 年的原始资料是什么，或许是出生率的下降引起了高龄化比率的增加……"也就是说，未能解开这个谜。经合组织是开发援助组织，因此对统计数据的误差并不太关心。

我们把 1988 年和 2008 年的高龄化比率推测数据的误差按照不同国家制作成表格（见表 1—1）。从表中可以看出，误差最大的是日本，误差数据达到了 17.3%，这个误差很不正常。如果不能明确形成误差的原因，那么就意味着无法清晰地掌握将要到来的 2050 年高龄化社会的实际状态。

表 1—1　经合组织关于"2050 年高龄化比率"预测的"误差"(%)

国家	1988 年（a）(注1)	2008 年（b）	预测差（b）—（a）
日本	22.3	39.6	17.3
西班牙	22.9	35.7	12.8
希腊	21.1	32.5	11.4
葡萄牙	20.6	32.0	11.4
意大利	22.6	33.6	11.0
爱尔兰	18.9	26.3	7.4
德国(注2)	24.5	31.5	7.0
比利时	20.8	27.7	6.9
奥地利	21.7	27.4	5.7
英国	18.7	24.1	5.4

续表

国家	1988年（a）[注1]	2008年（b）	预测差（b）－（a）
加拿大	21.3	26.3	5.0
芬兰	22.7	27.6	4.9
新西兰	21.3	26.2	4.9
法国	22.3	26.2	3.9
澳大利亚	19.4	22.2	2.8
瑞典	21.4	23.6	2.2
瑞士	26.3	28.3	2.0
卢森堡	20.3	22.1	1.8
挪威	21.9	23.2	1.3
美国	19.3	20.2	0.9
荷兰	22.6	23.5	0.9
丹麦	23.2	23.8	0.6
冰岛	21.1	21.5	0.4

注1：1988年的预测参考了川口弘著《老いの経済学》(KAMOGAWA BOOKLET)，P.9。2008年的预测参考了OECD的Factbook（2010）。

注2：1988年只有西德数据，2008年是统一后德国的数据。

误差超过10个百分点的国家分别是西班牙的12.8、希腊的11.4、葡萄牙的11.4和意大利的11.0。

误差数值较低的国家有冰岛（0.4）、丹麦（0.6）、荷兰（0.9）和美国（0.9）和挪威（1.3）。

丹麦和挪威等福利国家有配套的高龄化政策和雇用政策，也不存在养育子女及介护上的担忧，另外，社会也很稳定，因而推测数据没有大的波动。

与之相比，以日本为代表的误差数据超过10个百分点的国家几乎都存在“国家财政失败”这一问题。这是否是偶然的一致呢？在日本，高龄化比率高出预测数值的原因可能有以下几个。

・随着医疗技术的进步和全民医疗保险制度的普及，人们的寿命延长了。

・出生率降低导致儿童数量减少，晚婚化和独身倾向普遍。

・在高龄人群的福祉和介护问题方面，社会介护有了进步。在卧床对策和认知障碍症对策上，介护作用得到了社会认可，社会介护逐渐得到普及。

在边缘地区和都内社区中，有些区域的高龄化比率已经超过了40%的区域，由此可知2050年的高龄化比率达到40%的可能性是很高的。我们想把这个40%高龄化时代称为“2050年问题”。在人类历史上从未有过的40%高龄化社会的情况，我们将面对用迄今为止的高龄化知识无法应对的各种课题。

在“2050年问题”上，还有需要追加的事项。如果是人类初次面对40%的高龄化比率，那么认知障碍症的增加也是人类要初次面对的。对于认知障碍症的对策，全世界的研究都进行缓慢。在2010年，WHO（世界卫生组织）进行了首次世界性认知障碍症调查。根据调查结果，在2010年，全世界的认知障碍症患者人数为3 560万人，而到2050年预计将达到1.1亿人，增加3.2倍，而1.1亿人中的一半——约6 090万人将分布于日本、中国等亚洲国家。①

● 2050年问题也会影响中国、韩国和中国台湾地区

韩国也关注着日本的介护实践。我们位于三乡市的介护服务事务所（Care Station Misato）接到了来自韩国“医疗社会福祉士协会”的演讲邀请。2009年5月，当时的大山利江所长在韩国医疗社会工作者座谈会上以“日常的介护实践”为内容做了演讲。“我们的介护站（即护工站）的工作方式是这样的，无论是全职还是临时护工都不是从自己家里直接

① 《朝日新闻》（2012年4月12日）。可以从WHO的HP上下载报告书。*DEMENTIA-A PUBLIC HEALTH PRIORITY*，2012年。

去被服务者的家里，而是一定要先到事务所后再出发去访问家庭，在介护保险制度实施前就是这种工作方式，对访问时间以及写记录的时间也都会支付工资。我们认为如果不这样做，就无法正确地把握介护服务利用者的需求并提供满足其需求的介护服务。”省略到事务所的环节、直接来回的介护服务不能保证介护质量。这些做法也受到了韩国方面的关注。

中国也关注着日本的介护实践。2012 年 1 月，千住介护福祉专业学校及特别养护“葛饰 YASURAGI 之乡”接待了来自中国的 20 名访问人员。第三篇第二章的执笔者朴先生通过在日本读大学时的友人促成了这次交流。

据访问者说，今后中国要在高龄者专业介护教育上加大力度。这些访问者是在中国创业成功的经营者，而不是政府人员。其中一人豪言道，回国后将建设附带高尔夫场及游泳池的特别养护机构（译者注：此为日本说法），床位会达 2 000 个。

为此，日方向中国访问团放映了在柳原地区实施的 24 小时巡回型居家看护的录像，使到访者了解到通过医生和护士及护工的合作使重度介护老年人在家里生活的可能性，以及中国在将来面临的问题并不是建设大型设施机构就可以解决的。

这种与韩国及中国之间的民间介护交流也正在推进。考虑到“2050 年问题”，就不能只停留在交流层面，因为“2050 年问题”也会出现在韩国和中国。

2011 年 11 月 28 日，《日本经济新闻》以《悄悄接近的“老年亚洲”》为题（见图 1—1），用国联的人口推测数据进行了高龄化预测并进行了报道。

根据报道，2050 年的高龄比率，韩国将达到 32.8%、中国为 25.6%、中国台湾地区为 36.9%、新加坡为 31.8%。如果国联预测准确，那么这些国家的高龄化速度远远地超过了日本。从 2010 年至 2050 年的 40 年中，韩国高龄化比率将提高 21.7%，中国台湾地区将提高 25.2%，新加坡将提高 29.9%，中国则将提高 17.4%。“2050 年问题”不只是日本的问题，而是亚洲特别是东亚的问题。

东亚各国的高龄者政策发展较慢。韩国在 2008 年开始实施“老人长期疗养保险制度”，这是韩国版的介护保险制度。作为国家政策，中国也开始制定有关的高龄者介护政策。①

为高龄者服务的设施机构的建设、介护服务从业者的培养、各种为顺利推进介护工作的政策制定等，都是快速向高龄化社会进展的中国和韩国要考虑的重要因素，而且这些因素都是不可忽视的。

日本的介护政策是否能够成为韩国和中国的参考样本呢？从现状来看，可能性不大。介护服务现场的质量还没有达到介护服务利用者和介护工作人员都能满足的水准。

介护质量评价体系有介护保险制度上的“介护服务信息公开”以及“东京都第三者评价”制度，但都是未完成的评价体系，每年都还在发生变化。对介护质量进行评价以促进介护质量的提高是日本政府以及介护经营者正在挑战的课题。

这个挑战必须如实地向中国、韩国及新加坡方面传达。我们想传达的是，高龄者政策必须从最初就关注介护质量，采取改善介护质量的结构体系，并以此制定高龄者政策。

这也是政府间交流以及民间介护交流的课题。

总体来说就是，对于“2050 年问题”，什么才能成为提高介护质量的高龄者政策，该如何推进？

到 2050 年，亚洲患认知障碍症的人数将达到 6 090 万，这个数字令人不寒而栗，整个亚洲将要面临的“2050 年问题”正在悄悄地到来。

---

① 九州大学亚洲综合政策中心在积极地加深校际间的交流。《老いる東アジアへの取り組み一相互理解と連携の拠点形成を》九州大学出版会、2011 年。由于向城市的人口集中和高龄问题重合，这已成为社会问题。中国城市人口已经过半，曾被报道过医疗条件比较恶劣（日经、2012 年 2 月 12 日）。东亚的 2050 年问题也是大城市问题。

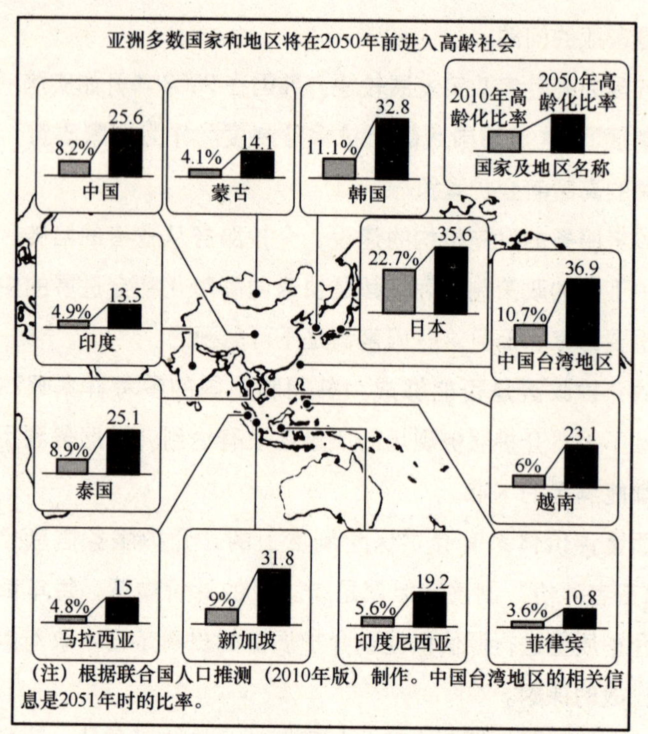

图 1—1　悄悄接近的“老年亚洲”

资料来源：日本经济新闻，2011 年 11 月 28 日

第二章
“老”的含义

● 安达智则

1. 什么是“老”

最初，向近代社会诉说“老”的是波伏娃，和波伏娃再会已是时隔 30 年后了。

有关高龄者的书籍琳琅满目。在第二次世界大战后的日本文学中，深泽七郎以老人遗弃为主题写的《楢山节考》以及有吉佐和子以认知障碍症老人为题材的《恍惚之人》，都给社会和现代人的性情带来了很大影响。

放眼世界，波伏娃的《老年》一书至今仍然具有很大的影响力。[①]《老年》是思考人类老龄问题的古典名著。

---

① 关于最近欧洲各国的居家介护，Christine Ceci · Mary Ellen Purkis 等在 Perspectives on Care at Home for Older Perple（Routledge）中进行了研究。在其扉页上记述了波伏娃的名句。在最近的日本高龄问题研究中，很多论文及理论考据都参考了波伏娃的《老い》。

为思考《老年》中的“介护质量”，我重新阅读了这本书。20 世纪 80 年代开始形成东京聚集，随着高龄化、信息化以及城市化的推进，巨大的都市开始发生变化。当时在那种背景下阅读了《老年》，对城市变化有着强烈的关注，但在阅读时却未能意识到老龄化已迫在眉睫。

这次从“介护质量”这一明确的角度重新阅读波伏娃的《老年》，可能是这个缘故，感受到了完全不同的强烈刺激，甚至想象到了新的人类形象。

重提波伏娃的《老年》，是想从“介护质量提高”的角度用人论、社会论和国家论对它进行重新诠释。下面介绍这本书的精华，请暂时跟我一起来到波伏娃的《老年》世界。

这个作品在 1970 年出版，当时波伏娃 63 岁。《第二性》和《老年》是波伏娃评论著作上的双璧。①

2. 波伏娃《老年》中的人论

波伏娃过了 60 岁才开始逐渐感受到**即使是她这个年纪，和其他年代的人的关系也完全变了**。

对老年女性而言，**特别是晚年，她们会感觉到解放**。**即一生中服从丈夫、服务孩子的女性们终于能够照顾自己本身了**。**从生物学上说**，在老年而获得自由的女性们，**与男性相比，她们的性爱需求因年龄增长而受的影响比较小**，因而恋爱也有可能比男性更加积极。

但另一方面，据说**女性更容易患老年痴呆，记忆会逐渐丧失**，对痴呆的恐惧感更深，担心如果变成痴呆该如何是好。**记忆的丧失**据说**最后会让人进入彻底的痴呆状态，以至引起恶病质导致全身衰竭而死亡**，因此日常生活中要时刻警惕衰老死亡及痴呆死亡。

无论男女，到了一定年纪而离开社会和家庭的“第一线”，就会有很

① 《老い（上、下）》波伏娃著（朝吹三吉翻译、人文书院出版）1972 年。未标出页码，本书中的粗体字表示引用的《老年》一书中的文字。

多的自由时间。

波伏娃批判说，20 世纪 60 年代的法国老年人**虽然有很多闲暇时间，但利用闲暇的具体手段却遭到了剥夺**。这是因为并没有把他们当做实际存在的人来对待，即使受到介护，**直接的快乐，比如性爱、饮食、酒类、烟类、运动、散步等或被禁止，或被吝啬地限制**，老年人就生活在这种状态之中。

2012 年的日本和波伏娃所生活的 20 世纪 60 年代法国相比有很大程度的不同。对于日本的特别养护养老院以及老年保健机构中入住的老年人来说，他们作为人的欲望并没有得到满足。相反，养老机构内的虐待及置之不理仍然频频出现。

波伏娃就生者和死者的关系进行了描述，**认为老年是自己背后有很多死者的人群，但老年成为了孩童一样的“无道德性存在”，这个无道德状态会**带来某种**神奇的平衡**，有可能成为**内在神启状态**。

老年人有时会瞬间地进入这个“内在神启状态”。波伏娃认为，在见到孙辈或与孙辈样的孩子进行接触时，对孙辈的至上感情就是这种状态。

“上了年纪的人们能够具备的更加温暖、更加幸福的感情，就是他们对孙辈所具有的感情。”

和孙辈约会给老年人带来最幸福的心情，这种事例数不胜数。

在千叶县柏市举行了既有老年人也有儿童参加的集会日，主办方 NPO 法人桥洋子女士说：“集会日如有孩子参加，百岁的老婆婆也会想来参加”。

另外，在千叶的八街市经营生活俱乐部的特别养护机构“风之村”，在森林通道旁建立了保育园。岛田社长说：“保育园的儿童如果来到“风之村”，老人们都会无一例外地露出微笑。

相反，失去孙辈而产生的失望也是无法估量的。心理分析学家弗洛伊德在 67 岁时失去了心爱的孙辈。据说，那是弗洛依德**一生中仅有的一次在人们面前哭泣**。弗洛伊德的眼泪从他的精神分析书类中根本无法想象，**他从未感受到如此大的悲痛，可见，弗洛依德也有普通人的情感**。

根据对文学家和政治家的观察，波伏娃认为，人上了年纪后也会泪腺发达。

73 岁的歌德会为小事而流泪，托尔斯泰在上年纪后大哭了一场，老年时期的丘吉尔经常哭泣。

为什么波伏娃决意去写《老年》一书?

“我决定写这本书是为了打破同谋的沉默。我们有必要打乱这个消费社会的安稳性。对于老年人，这个社会不仅有罪，而且可以说是犯罪。”

不把“老年”人作为人来对待的愤怒驱动着波伏娃决定执笔写书。

3. 波伏娃《老年》中的社会论

社会未把“老年”人作为实际存在的人进行对待。

对于高龄者养老机构，波伏娃面临的是令人绝望的现实。

· 法国救济院的状况非常悲惨，美国的情况也是同样。根据社会学家的证词，救济院和养老院自 19 世纪以来几乎没有任何进步。

· 来自老人院的问卷调查显示，原则上入居者可以一直居住到去世，但老人们对此并不相信，甚至担心会被赶出去，流落街头。

静观日本的高龄者养老机构，充斥着虐待和放任不管的现象，有很多不能满足需求的特别养护养老机构和得不到培养的介护现场负责人。只有退休金收入的入住者不仅要负担部分介护保险费用，还要承受住宿成本的沉重负担，日本的老年人也有被赶到街头的恐惧感。

法国的介护工作人员如何对老年人进行介护呢?

· 没有浴室只有淋浴，但入住者只能每周使用一次或每月使用一次。

· 存在各种限制。

· 介护人员说话时如同面对一两岁的儿童一般。

要把老年人作为有尊严的人进行接触，要根据其本人的意愿进行介护。问候时要看着对方的脸打招呼，这种标语和理念在日本特别养护老人院和老人保健老人院中随处可见。

不只看标语，日本的高龄者养老机构中是否已经实现了介护质量的提高呢?

入浴不是每周两次，而是每天都可以入浴。实施个人康复，出门散步，享受暇余乐趣等，如果没有异常行为，一般都没有限制。

现代日本的高龄者养老机构虽然比 20 世纪 60 年代的法国社会有所进步，但谈到是否在日常介护中努力地进行了质量改善，除去少数介护现场，我们认为还做得十分不够。

事实上，本来活跃在社会前沿的老年人就比较少。在工作单位，上了年纪的人很少使用电脑，和新信息脱轨，渐渐地就容易被看成妨碍者。

波伏娃在参考了以往的研究后认为，“老年人不良化”也有社会环境的原因，她称这是“老人精神性自我控制失调症”。

旧金山的老年问题学者路易斯·开普兰研究创造了“老年人不良化”这一概念。**与青少年的不良化一样，虽然两种现象都起因于感到自己遭到了社会排斥，老年人不会采取暴力的形式，但也会有“反社会行为”**。

在日本，老年人在超市和便利店的偷盗行为不断增加。问其原因，被抓到的老年人回答是“因为寂寞”。老年人偷盗是“老年人不良化”的表现之一，其他如“欺负人、藏东西、故意装作听不见”等行为也可以认为是“老年人不良化”的表现。

这些“老年人不良化”不只是个人的责任，也是因为社会缺少对老年人的包容和温暖的缘故。偷盗才能与人对话，偷盗才能得到他人的关注，这种社会是不正常的。

用波伏娃《老年》中的语言来说，可将高龄者因意外解雇而退休（强制退休）表述为**“断头台式退休”**。这种表述颇具法国式比喻。

“断头台”不用说是法国政治史上具有象征意义的刑台，“断头台式退休”不止发生在法国，如果福利国家发生倒退，那就有可能成为现实。

看到遭遇意外的“断头台式退休”的中老年者，波伏娃指出**罕有能够预测真正的人生计划的人**，如同对至今有着准确的预知一样。

肩部酸胀时“敲打肩膀”是舒服的，但日本企业社会中的“敲打肩膀”并不舒心。快到退休年龄时，老年人的肩膀会被砰砰敲打道：“差不多该辞职了，去子公司比较好。”在东京电力公司，员工超过 50 岁后，干部以外职员的肩膀就开始被敲打了。很多大企业的状况也与之相似。55 岁时退休，然后被转到关联企业，这是平稳的“提前退休”，但在公司经营恶化时，最先被解雇的就是中老年者。

“断头台式退休”在波伏娃的时代就已经存在，在现代的日本社会中也依然存在。如此，老年人是不可能安心地迎接“老年”的。

4. 波伏娃《老年》中的国家论

● 需要福利国家的“老年”人们

那么，波伏娃是如何考虑使“老年人”保持人的尊严并作为自我设计的实际存在而生活的呢? 换用现代语言来表述，自我设计的实际存在就相当于高龄者福祉三原则之一的“自我决定的尊重”。

自我设计的实际存在对于国家、教育、大学及企业等已有体制来说具有对峙的能量。如果本人意向未得到尊重，就会与国家对峙，会为实现尊严而进行人的存在主义式的斗争。

1969 年，巴黎的“五月革命”集中显示了年轻人的自我主张。社会管理的荒乱波及了高校和大学，国家也在背后推波助澜。对当时的年轻人来说，国家是敌对性的存在。但之后，左翼密特朗政权当政，充实和完善了法国的退休金、医疗及教育制度。

今后，国家该如何采取措施提高介护质量，我们会拭目以待。上层制定的介护内容肯定行不通，需要的是根据个体制定的富有个性化的介护内容，是否能够成为保障采取了具有个性及单独性的介护质量的国家，不只是法国，也是其他国家正在直接面对的问题。

重新阅读后，我重新发现了波伏娃的国家观，其显示了意想不到的国家观念。

对于全体国民来说，资本主义国家中有三个国家认为保障其命运不会令人难堪是国家的最高使命，即瑞典、挪威和丹麦。这些国家在自由主义的资本主义制度盛期建立了具有某种社会主义优越条件的制度。

波伏娃讲到的瑞典、丹麦和挪威，现在也是先进的福利国家。虽然我正在构想新型的福利国家，但可以把波伏娃的国家观念对照福利国家的原理来阅读和认识。

“对于全体国民”是指将福祉无差别地向每个人提供的**普遍性原理**。**“保障命运”**则相当于对生活困难者**提供无**间断的、**必要充足的社会保障这一原理**。

其他国家则受到了波伏娃的批判。

“其他的资本主义国家情况则完全不同。这些国家几乎都只把经济，即资本的利益作为头等要事，而不顾人们的命运。”

“对于老年人而言，这种社会不只是有罪，甚至可以说是犯罪。”

有如此言论的波伏娃认为，消除了这种有罪、犯罪的某种社会主义，即北欧式福利国家是一种希望。

波伏娃认为，为度过丰富且享受实际自由的“老年”生活，国家进行改革也是必要的，那里一定不会存在**“断头台式退休”**。

新型福利国家对于老年人是一种希望。新型福利国家是具备了退休金、介护、医疗、住宅上的保障，并具有保障孙辈成长的教育体系和没有失业担心的雇佣政策的国家。然后，再加上实施**“提高介护质量”**和**“保障高质量介护”**的新福利国家，波伏娃的梦想和我们的梦想差距并不大。

5. 波伏娃《老年》中的新型人类形象——获取新能力，使创造成为可能

波伏娃《老年》的魅力不只在于发现了孙辈的能力和对劣质福祉机构进行改革的诉求，同时也关注了福利国家的普遍性。

她也对人类在进入老年后仍能够获得新的能力进行了关注。波伏娃通过对艺术家及政治家进行自传式的分析，说明了人的能力在积蓄至老年后会再开花结果。同时，也谈及到了有关劳动者的新型能力的获得。

“很多专家认为他们能够获得新型能力。”

1954 年，在伦敦召开的“老年学国际会议”上，在对“60 岁劳动者和年轻劳动者”进行的比较研究中，做了以下报告。

“两者的量性效率几乎一样，从质上看 60 岁劳动者的工作更加优秀。”

波伏娃对音乐家和艺术家的人生进行了细致的研究。

肉体所起的作用虽然重要，但最容易克服老化现象的职业是钢琴家、小提琴家及大提琴家等音乐家一类的职业。他们有的即使已经 80 多岁，还具有出色的演奏技能，享有不错的声誉。

这些杰出的艺术家的能力虽然需要日常不断的钻研，但音乐家在老年时期仍会创作出优秀的作品。

巴赫老年时期的作品最为优美。

贝多芬以最后的四重奏曲超越了以往的自我。

威尔第写《奥赛罗》时 72 岁，他本人最大胆的歌剧《法尔斯塔夫》创作于 76 岁时。

波伏娃列举了很多画家及其作品，证明了有时杰作产生于最后的晚年时期。

莫奈、雷诺阿、塞尚、勃纳尔都是在晚年达到了创作的最高境界。

当然还不能少了戈雅，戈雅在晚年涉足了“老年”这个主题。走过了波澜万丈的人生之路后，80 岁的戈雅这样说：

“我还要学习”（1825—1827 年），于是戈雅开始学习素描。

即使老了也要学习，虽然脸部已被自己的长发和胡须覆盖，他依然拄着拐杖支撑着身体素描。

即使身体正在逐渐衰弱，但脑、精神、感情等方面的能力并没有削减，相反，他们可以凭借这种人生经验和艺术的积累创造出新的作品，在对人类的看法中蕴含了新的人类形象。

即使不是艺术家，人只要学习、有信息输入，大脑细胞就会接收信息，因而，获得新能力的可能性也就得以扩大。

即使在老年时期，人也不是被动的文化接受者，也有成为创造者的可能，作为社会中的人，他们可以从事其他的工作。即使卧床不起，想学习、想了解社会的这种获知权也应该得到保障。

艺术家们向我们展示了以后的人生。

● 高龄者福祉三原则的修改

老年是创造新能力的另一个人生阶段的开始，从波伏娃列举的艺术家及劳动者的事例中，我们受到启示并有意图地将这种启示在高龄者福祉原则的改革中进行运用。

至今为止的高龄者福祉三原则是“生活的持续性”“本人的自我决定”和“剩余能力的有效运用”。取消“剩余能力的有效运用”这一高龄者福祉原则，将其改变为“能力创造和能力形成”，可以说是高龄者福祉原则的进步。

● 1979 年，设立在丹麦福祉部的高龄者委员会提出的三原则①

（1）尊重人生的持续性。创建援助体系，使老人能够同以前一样继续生活。居家是最理想的，但即使是入住养老机构，也可以适度地允许携带家具等，注意与以往生活的持续性。

（2）尊重高龄者的自我决定。行政部门和专业人员虽然通过信息提供和服务支付对高龄者本人的决定进行援助，但决定权还是在于高龄者本人。

（3）剩余能力的有效利用。不要只关注高龄者的残障和疾病等消极的部分，要对其剩余能力的有效利用进行援助。

关于剩余能力的有效运用还是能力的创造，我认为这两种看法有着很大的区别。不仅是介护的对象，作为自我表现和文化的传达者，是不是已经到了应该揣摩新人类理论的时期?

为了形成新的能力，首先需要为 60 岁至 70 岁的老年人提供社会活动的场所。这包含教育和职业培训（新的人类观）的政策构想，也要求完善就业场所、集会场所、康复场所、连接介护和医疗的场所、广义上教育的场所等基础设施。

---

① 参考文献：〈丹麦的高龄者福祉医疗对策〉社团法人 Aging 综合中心、《厚生白书》厚生省、1995 年版）。

在德国的研究内容中，就有“50 岁后的教育和学习”。从这个研究中我们了解到，因为50 岁后的教育是有效的，所以构建退休后的教育体系是有可能的。人的一生虽然被明确地分成学习、义务教育、退休后的生活三个阶段，但从教育层面来看，也到了对人生这三个阶段重新进行定义的时候。

我们得到的启示是，50 岁后的教育学习社会体系的构想是有可能的。

研究指出，健康的高龄者重新激活各种认知能力，通过训练能够学习获得新的知识。

有关 50 岁、60 岁后的教育及学习效果的科学性研究还处于刚起步阶段。今后，高龄者福祉三原则的发展性修改和教育体系的构建或许能成为解决“2050 年问题”的途径之一。

我们再回看波伏娃。

要使老年避免成为我们至今为止的人生悲惨仿拟，办法只有一个，那就是不断地追求能够赋予我们人生意义的目的。

这可以是对个人、集体、公共福祉的无私贡献，也可以是从事社会性或政治性的工作或知识性、创造性的工作。

只要通过爱、友情、义愤和同情，把自己的人生价值置于他人的人生之中，那么人生就会始终具有价值。

对人生赋予意义的目的，不只是保持自己的存在，而且是形成同其他人在“爱、友情和义愤”上的共同看法，这是使生活质量变得丰富、提高介护质量的内容之一。介护利用者和提供者之间产生的介护质量能使生活更加丰富，这是只遵从上层规定计划无法做到的。

最后，我们再次触及波伏娃的激情。

人们要求在生命的最后时期能够始终保持人的尊严，这就意味着要进行彻底的变革。

这关系到了整个体制，其根本就是对权利的要求。就是要改变人生，而别无他意。

作为根本性的权利要求，我们提倡提高介护质量。因为我们希望能通过提高质量使老年人的人生逐渐变得丰富多彩。

为了打破内心中把老年人看成多余的人的这种“同谋的沉默”（新自由主义），我决意出版这本书。然后，如果力争提高介护质量、采取能够改变人生的根本性措施的志同道合者逐渐增加，即使只有一个人或一个养老介护机构在运行，那么解决“2050 年问题”的曙光就来临了。

第三章
从卧床介护到认知障碍症介护

●竹森 Chiya 子

1. 居家介护的变化——从卧床介护到认知障碍症介护

①前言

在“介护”一词还没有普及时，家属就已经开始了家庭中的介护。“介护”是如何被实施的？我想从自己的实际体验中回顾一下当时家庭介护的状况。

我 1968 年从护士学校毕业，毕业后就马上在不具备住院设施的诊疗所开始了工作。护士学校的老师及朋友都建议我去有住院病床设施的医院工作，但无住院病床的小型诊疗所中的医生及护士们充满热情的诊疗工作却让我看到了自己的梦想，我觉得自己会有新的收获。在诊疗所中，新任护士和护士前辈们一起忘我地讨论并开始了新的看护实践，其中之一就是家访看护。护士们访问患者家庭并进行看护工作的这个行为也得到了家属的欢迎，这使我感到了实实在在的工作回馈。

我工作的小型诊疗所位于名古屋市北部，这个地区虽然有像纺织公司这样的大企业，但依然是有温情来往的宜居地区。在这个地区也有些家庭企业，丈夫、妻子和儿子夫妇一起尽心尽力地工作。多数上班族家庭中，丈夫主要负责家庭收入，妻子则负责计划家庭开支和培育子女，而且是三代同堂。近邻交往也很多，高龄者如果生病或从医院出院遇到困难而不知该如何是好时，就会被介绍到诊疗所。另外，不断出现的生活习惯病患者中断诊疗的情况也引起了诊疗所工作人员的注意。所以，我们有必要去了解是他们付不起诊疗费用，还是没有认识到诊疗的必要性，更重要的是病情怎样了、饮食是不是很顺利等。当时，电话还未在一般家庭中普及，所以我们只有去做家访，等家访成为了经常性的访问，护士家访就逐渐得到了整个地区的好评。

②家访看护开始的初期

“出院了但不知该如何去做”，我们接到这类来自家属和邻居的联系后再去家访时，病人基本上都已处于卧床的状态了。这就要求我们去解决褥疮[①]问题以及本人卧床不想活动的问题。虽然我们也起到了让中断治疗的人立刻重新继续治疗的作用，但看护的重点是褥疮预防以及使病人能够靠自己的力量行动。老人睡在铺在榻榻米的床垫上而无法翻身，在这种状态下发生褥疮的可能性就非常大。我们也发现有些家庭知道会发生褥疮但不知该如何预防。

对于如何防止褥疮发生，我们建议要注意营养和变换体位。为了改善血液循环，我们和家属一起擦拭老人的身体，有时支撑着身体试着让老人坐起来，但这些措施仍未能防止褥疮的发生。

有一天，为了晾晒卧床丈夫使用的垫被，妻子让丈夫直接睡到了铺在垫被下的海绵垫上。在棉垫和海绵垫的交换使用中，妻子感到小的褥疮在

---

① 一般称作“床褥”。由于长期卧床或因为绷带固定而使部分身体受到压迫，从而引起血液流通和组织循环不畅，因而导致从表皮至皮下组织发生病变的状态。《看護記録用語辞典》川岛MIDORI・北岛靖子监制、中央法规社、1994年。

逐渐愈合。当我们知道海绵垫有助于褥疮恢复后，就让丈夫睡到了垫在棉垫上的海绵垫上，褥疮竟然基本愈合了。后来丈夫因肺炎住院，小褥疮再次复发，妻子马上便把常用的海绵垫带到了医院。

护士进行家访的消息传开后，诊疗所就开始接到因脑血管病（脑梗塞、脑出血等）住院的病人出院时打来的电话。对于曾经在医院进行过康复治疗的病人，我们认为即使做不到和医院同样的康复治疗，最起码能做到让病人依靠自己的力量来挪动身体。因此就需要床，于是我们与MSW①商量如何才能解决床的问题，他们帮助我们联系了已经不需要床的家庭。为了能让下一个人还可以使用，我们做了很大的努力对床进行了循环利用。MSW还对护士进行了肢体活动方面的训练，为了尽量延长病人坐起来的时间，护士就让病人坐起来擦拭身体。对于有褥疮的人，护士就让家属用水壶烧开水并凉到体温的温度后再进行冲洗等，我想这种方法只有在家里才能做到。

另外，对于护士家访，我们也商量过有没有更好的表达名词。护士家访和保健师家访有什么区别？保健师家访进行的是指导，而护士家访则是进行看护，所以“家访看护”这个名称可能更妥当。在小诊疗所中，就连护士也参与了该问题的讨论，于是不知从何时开始，“家访看护”一词就得到了普遍的使用。

现在回想起来，虽然那时已经有了家庭服务员派遣制度，但我从未遇到过，甚至不知道有这个制度的存在，而只是默默地利用空闲时间进行了家访。另外，受到有吉佐和子《恍惚之人》一书的影响，这虽然在工作场所也成了话题，但我本人没有遇到过如书中描写的那种高龄者。在脑血管后遗症患者中，很多人缺乏活动的欲望，在现在来看可能也有几位是认知障碍症，但我从未与认知障碍症症状明显的高龄者有过接触。

---

① Medical social worker的简称，医疗社会工作者，指在保健、医疗领域实施解决和调整患者心理及社会问题、出院支援、社会回归支援、医诊和医疗支援、地区活动等咨询的专业人员。『あったか介護・看護のための用語集』水泽英洋监制、大田贞司・三苫博・山本则子编著、照林社、2010年。

③是什么要素使柳原地区的居家介护更加效果显著

1977 年起，我开始在足立区的柳原医院工作。柳原医院从 1976 年至 1977 年在东京都东部地区对卧床老人的实际状况进行了调查[①]，地区居民和保健师、学生、柳原医院职工等全部参与了调查，并开始构建居家医疗体系。作为调查后的介护工作环节之一，1977 年设置了地区看护科室并配置了专职的家访护士。我开始工作不久就被分配到了地区看护科室。

当时的家访看护还没有看护诊疗报酬，所有费用都由医院负担，但柳原医院已经对居家医疗、家访看护进行了明确的定位。另外，在家访看护的同时，进行居家介护支援的还有通过家务支援人员制度派遣而来的家务助工。

SAYO（假名）氏可以说就是通过有效利用家访医诊、家访看护以及 MSW 和家务支援人员制度派遣的家务助工从卧床生活中恢复健康的事例之一。

SAYO 氏和家属一起生活，但白天只是自己一个人。平时很精神地定期来医院医诊的 SAYO 氏说身体不舒服，之后就不再来医院了。护士因家访医诊预约来到她家后，只见大门紧锁无法进入，等到护士和家属取得联系再进入 SAYO 氏家里时，已是家访医诊预约日许多天以后的事了。据说护士进去后，发现家里发散着东西腐烂的异样味道，环视室内也不知味道来自何处，老人枕边有家属准备的食品，但好像几乎没吃过。护士在告知诊断需要后掀开被子，发现了异味的来源。据说 SAYO 氏从头至脚后跟都已经长了褥疮，特别是骶骨部分长了个巨大的褥疮。

于是 SAYO 氏就进行了住院治疗。在医院进行了积极的治疗，可能正因如此，SAYO 氏的全身症状及巨大的褥疮都得到了明显的改善，约半年后，SAYO 氏就出院了。

---

① 从 1976 年至 1977 年，柳原医院呼吁医生协会、保健所、福祉事务所、街道等成立实施委员会，对约 2 万人的高龄者进行了家访。结果是卧床老人的数量是行政部门掌握的 2 倍，其中 38%是如果得到家访看护援助其状况就有望得到改善的人。根据这个状况，柳原医院实施了专人化家访看护。

从那以后，SAYO 氏在家里一边接受家访医诊和家访看护，一边继续接受治疗。MSW 和家访护士为防止褥疮的复发，不让她总是卧床，而是让她的日常生活保持了一定的节奏。

对 SAYO 氏白天独居的生活进行支援的是在家务支援人员制度中积极工作的家务助工。她们将每周三天的派遣分成六个半天，除去周日，几乎每天都会有家务助工到家里进行支援工作。家务助工会为她做午饭并进行排泄介助等日常生活援助，护士则负责身体指标测定①、褥疮治疗以及介助步行等工作。随着日常生活规律的建立，SAYO 氏逐渐有了笑容，并通过介助已经可以外出了。

正是在家访看护、家访诊疗、家务支援制度中积极工作的家务助工以及对助工进行分配安排的社会工作者团队，才使柳原地区的居家看护变得效果显著。

要使家务支援制度得到有效利用就需要家政介绍所②进行家务助工登记。柳原医院的 MSW 动员该地区的家庭主妇去家政介绍所进行登记并作为家务助工积极地开展工作。由本地的家务助工访问本地的高龄者家庭，家务助工在家访时有时会还会带去自养的鲜花。虽然柳原地区的白衣天使很受瞩目，但在背后支撑高龄者生活的助工们才是关键性的角色，这一点家访看护以及与居家介护相关的职员及地区的居民都非常认可。

在东京足立区开展家访看护后，我发现在名古屋的家访和在柳原地区的家访存在着很大的不同，而家访看护对象的差别也造成了这种不同。

柳原地区的家访介护对象中，因脑出血和脑梗塞后遗症而卧床的高龄者占了绝大多数，但也存在其他原因的卧床。有些高龄者因认知障碍症、抑郁症和风湿症等无法起床，还有些家庭为了防止高龄者跌倒受伤而用棉被裹上柜子和柱子。还有一些老人对介护有抵触情绪，被介护的老人打开

---

① “Vital signs”表示生命征象，如脉搏、呼吸、血压、意识、反射生命体征。《广辞苑 第六版》新村出编、岩波书店、2008 年。

② 由《职业安定法》（1947 年制定）认定的家政人员介绍营业机构，是收费的职业中介民营机构。

窗户对外大声叫喊："有小偷！有小偷！"而使儿媳不得不放弃介护，不时会碰上这种以认知障碍症为主要症状的高龄。

这是名古屋北部小镇和东京老街区的差别，也反映出人们对柳原医院长期居家医疗体制的信任，或者只不过是快速进入高龄化社会时期的一个社会断层面。无论怎样，这些都让我深切地感受到了认知障碍症高龄者的增加和居家介护者家属介护的辛苦。

④挑战起坐

虽然也感觉有些高龄者明显是认知障碍症，但卧床高龄者还是这个时期家访看护的主要对象。当然，因认知障碍症而卧床的高龄者也是家访对象。当时，我们将家访的需求度分成了 A、B、C、D 四个等级，分别进行了家访。

A 等级是每天家访，B 等级是每周 2～3 天家访，C 等级是每周一次家访，D 等级是两周一次家访，这样就决定了每个等级的家访次数，其中需每天家访的高龄者绝大多数都是需要褥疮治疗的老人。

RIN 氏（假名）的褥疮很严重，褥疮虽然不大，但好像已穿过真皮组织到达了皮下组织。她得褥疮已有数年，虽然没有恶化但也无法痊愈，而且一直处于卧床的状态，护士跟她说话，她也没有任何反应，但通过帮助能顺利地吞咽食物。RIN 氏的介护主要由丈夫进行。夏天，睡在二楼床上的 RIN 氏额头上出了很多汗，在护士帮助她擦拭身体并进行褥疮处理后，她对丈夫说："这么热的天气真想入浴洗澡啊！"她丈夫好像正等着这句话似的马上回答道："好好，知道了，马上去准备。"家里的楼梯很窄，在护士不知该如何将 RIN 氏弄到楼下时，她丈夫说有个换下来不用的浴盆。等护士再次家访时，RIN 氏的床旁边已准备好了一个小型但有深度的浴盆，护士就立刻帮助 RIN 氏入浴洗澡。因床的高度并没有变低，洗后再让她躺回床上非常不容易，但护士还是在天气变凉快之前坚持每周一次帮助 RIN 氏入浴。虽然褥疮没有太大的改善，但 RIN 氏入浴时舒服的表情都让她丈夫和护士能够每周坚持下来。几个月后，RIN 氏接受了褥疮周边切除缝合手术，但依然没能够痊愈。

如果卧床老人始终不动，就会出现褥疮初期的发红现象，这就需要想办法尽量地增加活动量。永田（假名）先生就把运动项目写在纸上并贴在墙上，护士在家访时检查运动量。永田本人说运动了，但家人说基本没怎么运动，于是我就对他说：“如果卧床了就很不方便吧?”我询问其不愿运动的理由，永田回答道：“就是能活动了又能怎么样?”奇怪的是我觉他说的似乎有些道理。再问他假如自己能活动了想做什么，他说：“什么也没有。”也许是没有想活动的动机所以就不想动，于是我就试着邀请道：“等春天了一起去赏花吧。”他竟然说：“几年不去了，很想去!”我又邀请了其他的高龄者，得到了好几个人的同意。我立即申请家属、医院职工及地区居民来做义务劳动并开始计划。

曾认为即使能动了又能怎样的永田先生，为了能去赏花而积极地活动手脚，终于成功地出门赏花了。

能活动后做些什么，这是个很大的问题。张开眼以仰卧的姿态看着天花板，不能说这就是起来的状态。我们希望他们能坐起来，能对周围的事情怀有兴趣，然后希望他们好好地吃饭，还能入浴，并享受与家属及朋友之间的聊天会话，如果能够外出，则能发现更加不同的风景。

这已经是20年前的事了。

柳原医院经常召开护士学习会，实施定期的事例研究会和各病房的学习会。

在有关长期意识障碍①患者护理的学习会中，我们学习了“坐”的重要性。但在急性病病房中，由于时间原因，很难帮助患者坐起来。于是，医院就研究开发制造了“坐君”②。我们立刻就使用背面开放型端坐姿态，保持用“坐君”试着让患者坐起来，于是，看到了至今为止没有过的变化。老人仰卧时的脸部表情和坐起时的表情是不一样的。不仅住院的患者，我们也让居家的卧床患者使用了这个用具。另外，在往酒杯里稍倒些

① 由于无论任何原因的脑损伤而造成的长期重度意识障碍的状态。在川岛MIDORI、宫崎康编著的《内科系実践的看護マニュアル》（看护的科学社出版、1995年）中认为“意识障碍时间越长越不可能恢复，这是常识。但是通过持续的有目的的呼唤，有时会得到意想不到的反应，所以不要放弃希望”。

② 重新改良后改名为“SITTAN”并进行了市面销售。

酒递给健康时喜欢饮酒的住院男性住院者之后，他露出了欢喜的表情，这也成为了护士之间的话题。

⑤从事认知障碍症介护

前面讲过，30 多年前来在东京进行家访看护时有过新的发现，即家庭中生活着患有认知障碍症的患者，而且是中度至重度的高龄者。之后来医院工作，也遇到了有些住院的高龄者不能保持安静、从床上跌落或一不留神就穿着病号服擅自外出等一系列状况。医院针对落床的患者，就把床拿掉而在地板上铺上被垫让他们休息，对于擅自单独外出的患者就让他们带上写有名字的卡片，对拔掉吊针的患者就改良打吊针的场所，对实在无计可施的患者不得不实施了上肢约束。回想起来，虽然当时隐约地感觉到了认知障碍症介护的必要性，但并不像今天这样有着如此强烈的认识。

1996 年，我被从医院调到了保健机构后，重新认识到原来有这么多的认知障碍症患者。作为治疗场所的医院，与作为居家生活支援及从医院到家庭过渡场所的老人保健机构之间存在着很大的区别，老人保健机构的介护重点是康复和认知障碍症介护。

调到老人保健机构开始工作半个月后，机构发生了入住女性失踪的事件。员工分头在附近拼命寻找，但至傍晚仍未发现。正在大家不知所措时，接到了警察的电话，据说是出租车司机觉得奇怪就带这位女性到了派出所。该老人保健机构附近很少有出租车，只是这一天正好有出租车路过。该女性举手拦车坐上车后司机问她去哪里，她说去浅草。快到浅草时司机又问她具体地址，她又换了地址说去本乡。司机左右询问总是没有得到确定的回答，因而不知如何是好，于是就带该她到了派出所。警察不知道她来自哪里也手足无措，幸好该女性出门时手里拿着保健机构的伞，上面写有机构名称，于是保健机构就接到了警察的电话。

听家属说，她在健康时出于小心经常出门带伞，另外浅草和本乡都是她曾经住过的地方。遗憾的是，她没能想起来现在的居住地地名。

之后，又有过好几次入住者擅自外出的事件，保健机构每次都很震惊，然后进行寻找，有时还会遭到家属的训斥：“为什么没能照看好!”

对于盲目行走、拒绝介护、暴力、乱吃东西等认知障碍症患者，家属及介护员工都非常辛苦。另外有些高龄者经过数年后，虽然生活自理能力明显地下降而需要饮食、入浴、服药、洗涤等日常生活的支援，但也能够独立生活。

什么能做和什么不能做，想做什么，该如何实施援助，介护做到了何种程度，这个介护该在何处、用什么方法做会比较好等，这些评估和计划及护理（介护）质量的提高，都是今天认知障碍症患者本人和家属所期待的。

⑥居家介护环境的变化

我再重复一下，与 30 年前相比，无论是居家还是养老机构的介护都已经发生了巨大的变化。

可以说最大的变化就是接受介护一方即高龄者所处环境的变化，高龄独居者或空巢高龄者夫妇家庭在急速增加。但认知障碍症患者即使是独居，只要支援体制完善，也是有可能实现正常的居家独居生活。但愿介护保险制度能使在自家独居的愿望成为可能。

某天，认知障碍症日间服务利用者为 8 人，其中 4 人是独居者，2 人是空巢高龄者夫妇，还有 2 人是丈夫已去世与孩子夫妇同居，6 位女性中的 4 位都是独居生活。现在的高龄者状况也在小型的日间服务中得到了体现。

二代或三代同居的状况已经骤减。想到 30 多年前在柳原医院开始实施家访看护时的情形，仿佛有隔世之感。

下面我想指出的是，从事介护的专业人员人数正在快速增长。

介护保险制度实施以后，包括介护管理员①在内的护士人员及理疗师、职业治疗师等医疗专业人员更多地参与了介护工作。从当初介护管理员中最多的是护确士这一点上也能反映出来。当然，社会福祉士也是介护管理

---

① 《介护保险法》中称为“介护支援专业人员”。因为人们一般比较熟悉“介护管理员”这一称呼，因而本书中使用“介护管理员”一词。

员的中坚力量。

不仅是家访康复，日间服务和认知障碍症介护理疗师及职业治疗师也起到了相当显著的作用。

对介护保险制度，有各种不同的评价意见，虽然现阶段绝对还不能轻易举手赞同，但我认为介护领域得到众多业种积极的参与，有着深刻的意义。

2. 介护质量的提高

①提高介护技术质量的措施

助餐、助厕、助浴被称为三大介护，从女舍监实施照顾开始就为守护生命而采取了相应的措施。

但在人权意识高涨的今天，经常会受到是否只喂饱饭就可以、是否只要入浴变得清洁就算结束、是否按时更换纸尿裤就没问题了等指责。那么，该做些什么，该如何去做呢?

无论何种疾病和残障，只要老人无法自立生活，从早晨起床到晚上睡觉或是睡着以后都离不开介护。为尊重个人意愿而根据身心状况采取最佳方式进行的直接支援被称为介护技术。为了使被介护者的生活能如其所愿，对饮食该用何种料理方式，什么才是最佳的进餐方式，本人愿望是什么等问题的思考也属于介护技术的范围。

● 对介护机构采用的介护方式的思考

在 1995 年设置的老人保健机构中，实施了重视起坐的介护。白天让入住者保持坐姿，坐轮椅的人在桌前就坐时也让他们重新坐回到椅子上，即 Bed is Bad（卧床是坏习惯）。但是保健机构还是想避免职工的负担过重，因此我们使用了升降器，从床上坐到轮椅上、入浴时也用了升降器，这样任何人都可以进浴盆泡澡了。此外，吃饭用陶制的碗，当然排泄介助也不只是定时更换纸尿裤。为了能回归家庭，就要求不改变居家时的介助时间来进行更换。

五年后开办的特别养护养老院因为也是老人们的终期住所，所以在老人保健机构实施介护的基础上，有意识地使老人们的生活能够更加自由。

这是建在东京都内的养老机构，房间大小及建筑周边的绿化并不理想，但关键是其设立在老人们的生活区域内，周围有可以步行便可拜访的家属和朋友。正是出于这种城市优势的思考，而让养老院融入地区，为该地区的人们利用，并希望能够尽量维持他们原有的生活。

有些人即使变成高龄者或认知障碍症患者，仍能形成新的人际关系，但对有些人来说，新的人际关系就是负担。希望居家养老的人们多数愿意继续居住在熟悉的街区。那么，是不是能发挥老街区的地利而进行介护呢?

养老院开设不久就入住进来的村田（假名）先生希望继续找一直以来寻求帮助的医生看病，就乘坐志愿者的车往返医院就诊。在回来的路上顺便购买些晚餐饮的酒和抽纸等生活用品是他的一大乐趣。有朋友来访时，他也会出门参加一些地区集会。

养老院每天都有来访家属，也有些入住者会预定外卖。养老院举行义卖时，一大早就会有援助人员到来；举办烟火大会时，家属和邻居也都在屋顶观赏。我们认为，在习惯居住的街区重视与地区的交流也是老街区介护才会具有的特色，所以有时他们也参加附近中学举办的文化节。养老院还与学龄前保育儿童一起举行了圣诞会。在召开的养老院周年纪念音乐会上，除专业人员之外，职工也上台表演，入住的老人们表演唱歌，在春天柔和的阳光中，会持续一个小时。除家属外，附近认知障碍症专门养老院的老人们也来参加。养老院举办义卖会时，附近的居民也会加入。还会有快递寄到养老院，也会收到当天采摘的蔬菜。去年，养老院还对东日本大地震做了一些援助活动。

●关于饮食支援的思考

在开设特别养护养老院时，职工们就很多问题进行了讨论，认为热饭菜就得趁热吃，还应该保留老人们选择自己喜爱食物的自由，吃饭时间应该遵循本人的意愿等，职工们进行了各种讨论。讨论的结果就是，每次午餐和晚餐的主菜由老人从两个菜单中进行选择，而且是看着已做好的主菜进行选择。刚开始大家还很高兴，但随着时间的推移以及新入住老人身体状况的恶化，越来越多的入住老人开始无法选择食品，加上随着入住老人状况的严重而需要饮食介助的老人数量的增加，养老院不得不停止了主菜的选择制度。

我们认为应尽量坚持让入住的老人尽可能地经口吃饭。饭菜不是搅碎后看不出形状的食品，而是尽量提供能看出形状的、看着就有食欲的饮食。如果是入口即化的软熟食品，即使不用切碎、不用搅拌机打碎应该也没问题，我们也因此下了不少功夫。

去年在特别养护养老院同家属一起举行了一匙勺料理聚会。匙勺中准备了很多能够一口吃下去的料理，而且都是色彩斑斓入口即化的软熟美味。

食物是用眼睛来吃的，也是需要氛围来吃的。聚餐会时，职工和老人们都比平时打扮得漂亮并围桌而坐，家属也参加并一起度过了愉快的时光。看到入住老人平时不曾有过的表情以及来自家属的感谢，这些天工作人员准备聚会的辛苦也得到了回报。

但是有时无论我们如何努力，还是会出现老人无法经口吃饭的状况。而经管营养是最后的营养提供方法。

我看到过很多事例，并使我对经管营养就等同于不尊重人的尊严的这种看法产生了怀疑。

某人因颈部癌而从鼻中插入导管输入营养，但仍然一直开心地享受着日间服务，和同桌的人开心地聊天，也吃少量的甜品果冻。我曾听说家庭护理员在详细地向居家经管营养的老人说明每种食材后，再做成流食并进行营养输入。在我的经验中，有些人先从普通的食品中挑选一两种放入口中品尝食感后再吐出来，然后再进行经管营养输入的情况。

有些家属在医生推荐经管营养后会感到烦恼。也有过根据情况实施胃造瘘术，等体力恢复后再恢复经口饮食的状况。

我们绝不建议轻易地就使用经管营养，但可以说，即使变成经管营养的状态，也一定会有保持生活尊严的支援方式。

●地区中的介护方式的思考

在认知障碍症专业养老院和日间服务及小规模多功能型入住介护[①]中，介护的主要内容是烹饪制作。

养老院与入住的老人们一起决定菜单、一起购物，再共同烹饪。工作人员给他们看前一天剩余的食材，然后决定用这些食材能做什么、想吃什么、由谁去购买不足的食材等。大家都很热心地翻看烹饪书籍，和工作人员商量烹饪什么料理。虽说“什么都可以”，但还是会提出“肉还是牛肉吧”“鱼还是酱油味煎烤鲥鱼吧”等各种要求，这种状况常会看到。料理做好后按人数分份儿，再加上米饭，大家一起吃饭，味道很棒。因为这是大家共同烹饪的成果。

工作人员决定主菜和副菜，检查汤和水果等食材中有无偏食、蔬菜是否充足，然后写下来征集前去购物的人员，并和老人们一起在附近的蔬菜店、肉店和鱼店进行购物。路途中碰到邻居就打招呼问好，老人们还和幼儿园的孩子聊天并受到孩子们的鼓励“要注意安全”，平常走路只用5分钟即可到达的商店要走近20分钟。在养老院5周年纪念聚餐时，肉店老板还赠送了肉，并且民生委员、介护管理员、地区综合支援中心的职工志愿者及家属也都来参加了。

烹饪还有令人深感兴趣的一面。平常生活中如果不接触烹饪，就会渐渐地忘记烹饪的顺序。切菜时即使事先说好大小，老人们也很难按照说明把菜切完，几乎每次都切得比较小。让老人们切水果摆入碟子，有时就会出现不知何时混入了该放到别处的蔬菜的状况。大家一边随意地聊天“一起做才好吃”“以前我就喜欢吃肉”，一边共同烹饪，一起迎来愉快的用餐时间。通过烹饪，工作人员会对每位老人能做什么和不能做什么进行判断。

舒心的伙伴和能发挥自己能力的场所就是每个人都能安心的场所，对患认知障碍症的老人来说也一样。

---

① 主要以利用日间服务为中心，根据需要可以留宿（短期入住）及接受家访介护的服务，属于《介护保险法中》的地区紧密型服务。

虽然认知障碍症的治疗和介护还没有得到确立，但这种做法会有一些效果。

●对“坐”的重要性的思考

卧床会导致思考能力下降，这是不得不承认的事实。例如，卧床不说话就会变得不会说话，如果认知障碍症逐渐加重而导致身体整体功能下降，也会出现卧床的状况，有时因住院治疗需保持安静也会卧床。无论如何，坐起来都很有必要。

但该如何坐，是不是只要坐起来就可以呢？似乎也并非如此。长期滑座，即未能保持坐姿平衡而直接坐到骶骨上的姿势则会引起褥疮。我们需要老人保持正确的坐姿，但长时间坐着对任何人都是痛苦的。另外，一直采取坐姿而不行走，下肢的肿胀也会加重。

在特养等养老机构中，从清晨介护到早餐、午餐至点心时间、晚餐至晚间介护等，一天中大约有 6 个小时处于起床的状态，可以说不易得褥疮。使老人们尽可能地饮食、多坐、能活动的人多活动、夜间能够熟睡而采取措施实施支援，这是介护的基本事项。

通过使用升降台以及方便的轮椅，即使老人处于重度介护状态，也可以使本人和介护人员没有负担地移动或换乘，老人能够放心地进入浴盆沐浴。有些老人直至生命的最后阶段都利用升降台去厕所。

在第三篇第一章介绍的 ASUNARA 苑中，职工熟练掌握了 10 种基本介护方法，开展了无升降台、无纸尿裤的实践。首先从坐开始，为了使脚能全部沾到地面，就使用了尺寸较小且高度较低的椅子以及小桌。设计较低的桌子，正好是可以把手放在桌上身体倾斜就能站起来的高度。把小桌拼凑在一起作为一张大桌使用，还有利于相互交流。利用桌子从坐姿到站起到步行，这些基本动作在入厕和入浴时也得到了运用。由此，我们了解了实际有效的生活康复得以实施的状况。运用与生活密切相关的支援方式而实现了无升降台、由单人介助进入桧木浴桶沐浴，并进行了去除纸尿裤的实践。这些都向我们展现了非常优秀的介护实践。

●只维持剩余能力？

高龄者的介护工作使我意识到维持做事能力的重要性。即使是半身麻痹，在使老人交换常用手的同时，为保持剩余能力不下降也需要进行训练。但是除了维持剩余能力，即使是高龄者也会有挑战新事物的想法，而且有时也会挑战成功。

认知障碍症专业养老院的多田氏（假名）入住养老院后开始绘画，而且绘画想象力很丰富。利用日间服务的山田氏在日间服务期间制作料理，刀工变得越来越好，无论是切碎还是切片都做得很不错，现在山田氏又想使用缝纫机。幸运的是现在的缝纫机都是电动，已不需要使用行动不便的下肢，可能也会用得很好吧……

下面我把话题稍做改变。现代医疗技术的显著进步使有些至今认为是不可能的事逐渐变成可能。正常压脑积水①通过治疗也会得到改善，据说脑梗塞和脑出血等引起的后遗症通过专门医生和专家的数月治疗后也有了改善的可能。

通过医疗和介护的结合，会使一些效果成倍增加。我希望这种结合能得到进一步的强化。

②认知障碍症的介护

●居家介护的难处

居家介护有时会因为意外事件而无法继续，10年前就发生了以下事件。

总是满面微笑的AI氏（假名）仅在家属繁忙时期寻求短期入住服务。她总是在走廊和日间服务楼层来来去去，无论问什么，她都会说“是啊”，哈哈地笑，对介护也没有抵抗，我想她会一直这样被家属爱戴并在家中持续生活。但这样的AI女士的家属却告知我们已经决定入住收费老人院。原因是AI氏会把菜刀拿到了被子里，并说家人作了长时间的努力也无济于事。也许AI女士看到菜刀认为危险才拿进被子里，但家属说想到如果发生

---

① 流淌在头中及脊髓表面的脑脊髓液滞留在位于脑中心部位的脑室的位置，从而压迫大脑周围，因此造成行走不便、容易忘事等。

意外就坐立不安，精神就一直无法放松。这件事使家属放弃了介护。

有些人如同 AI 女士一样因令人惊愕的事件而不得不放弃居家生活，但无目的徘徊、暴力或粗口、对介护的抵抗、不洁行为以及不断重复地说话等与认知障碍症类似的症状也令家属非常烦恼。

（1）认知障碍症的无目徘徊的要求是什么？

TOKU 氏（假名）说“这样的好天气不能待在家里。以前我扛运过草米袋”，于是喜欢外出。每次问他“要不要一起出去”，他一定会说：“你有夫人、有孩子很忙，我一个人没关系。”于是就一个人走出养老院。目的地是固定的，就是以前曾居住过的在新潟的某个村子。途中他向很多人问路，但没有一个人知道 TOKU 氏所说的地名。为什么大家都不知道？就在 TOKU 氏为此生气并不知所措时，介护职员再及时去打招呼，随着一声“谢谢”他把事先放在老年车中的水果拿出来分给大家。的确，下雨天最好不要出门。TOKU 氏的女儿也带他去了令他怀念的新潟老家，但据说他完全不知道那就是他一直在寻找的地方。

每当黄昏，就会有很多老年人开始坐卧不宁，“是孩子到家的时间”或“不赶紧准备晚餐的话……”，而且女性居多。

SAYO 氏（假名）就是其中之一。孩子自立已搬出去自住，她和丈夫二人一起生活。说是要给丈夫准备晚餐和洗浴用水，于是就开始坐立不安，其实她已经有很多年没有给丈夫准备晚餐了。

曾是学校老师的山田氏（假名），曾经从自家一个人出门后就杳无音讯。在短期入住期间，也曾经独自外出。因为在自家时还发生过一个人坐电车后被警察收留的事件，所以搜寻刚开始时就锁定了车站。一般人走 10 分钟左右就能到达的车站，山田氏花了近 2 小时才安全地到达并成功地返回养老院。有时在晚上，山田氏会在走廊里走来走去。据报告，有个职员对山田氏说：“学生已经休息了，之后我来照看，老师去休息吧。”山田氏听到后说：“那辛苦你了”，就马上回去休息了。山田老师肯定之前是一名教师。

TOSHI 氏（假名）的自家住宅距离小规模多功能入住介护机构只需步行 2～3 分钟，在利用短期日间服务时，每天会回家好几次。无论是炎热的夏季还是寒冷的冬天，在家休息时也会频繁地来到介护机构，喝完茶将她送回家后不久又会过来。她对“自家介护”的要求到底是什么?

有时候，我们也能够理解一个人外出的理由，但也有些老人不告诉家属和介护职员外出的理由和想去的场所，而只是想默默地走一走。

在大街上常看到冈田氏（假名）行走的身姿，无论是在日间服务机构还是居家，反正总是外出。行走的目的地并不固定，所以家属和职员总是和他一起走。

某天，当职员注意到时，他已经从日间服务机构消失了。虽然职工立刻紧急寻找但当天仍未找到，第二天接到警察联系，才平安接他回来。几天后，为了道歉以及商议今后的对策，我们请家属来到了日间服务机构。那时从打开的窗户看到家属身影的冈田氏举起手似乎在说“哎”一样地笑了一下，家属告诉我们这是平常从未见过的笑容。另外，家属看着在这里积累的平日拍摄的照片说“状态真不错啊”，然后说“今后也请多关照”就放心地回去了。虽然在风险管理上存在着很多应该反省的地方，但我认为让家属看到老人的日常活动情况还是有意义的。尽管如此，我们还是未能得知冈田先生为什么无目的地行走，他在追求什么。

(2) 暴力·粗口

这是很久以前的事了，有位单身高龄者入住了老人保健养老机构。据说他以前是家小公司的老总，后来企业破产了，家属和职工也都离他而去，好像平时只有经理会过来照顾他。这个原老总有点小事就会行使暴力。排泄不顺经常弄脏内衣和裤子，让他替换，他会叫道：“没脏，别碰我!”拎起拐杖挥来挥去。饭菜不合口就会抱怨，让他洗澡则会反感生气，还拿拐杖打职员。经理也害怕地说：“因为这样，大家都离开了。”夏天炎热之日，养老院策划了烟花观赏活动让大家都到楼顶集合。楼顶上摆设了模拟夜市摊，也有啤酒，还跳了盂兰盆节舞。原老总也使用了挂在胸前的购物券，心情难得一见的好，回到室内后还不停地说笑，始终面带着笑容。从第二天起，他就不再挥舞拐杖了，开始能够平静地生活。过了不久，他就决定入住特别养护养老院而离开了本养老院。烟花观赏日，究竟是什么改变了他？是啤酒，还是盂兰盆舞，还是那天晚上的全部？

老人的暴力和粗口，有些好像来自于焦虑。有时，如果能顺利地控制排泄，那么情绪也能得到很好的控制。

一位80多岁的男性就是如此。因为认知障碍症恶化再加上行走开始变得困难，他住院进行了检查。因为环境变化，心情完全不稳定，该男性也没有得到很好地检查就出院了。不知如何是好的家属来到地区综合支援中心进行了咨询，然后被介绍到了小规模多功能型入住介护。为了该男性的认知障碍症治疗，我们还建议找专门医生诊治。这样在家属、医疗、介护的合作中开始了对该男性的护理。但是这位男性的排便、排尿控制都不顺畅，刚从厕所出来又要去厕所，经常是四五天不排便。我们想这也许就是他心情不稳定的原因，于是就采取了机构能够做到的解决办法，比如让他多摄入蔬菜、多补充水分。

每天使用便秘药，充分摄取蔬菜，补充该男性喜欢的茶、咖啡等饮料，尽量活动，这样他每隔两三天就有了排便。现在该男性的焦虑情绪得到了改善，说话也能令人愉快，也面带微笑了。我想，由专门医生开的处方药肯定起了作用，但同时维持良好的排便控制也能使症状得到改善。

(3) 介护拒绝

入住特别养护养老院的HIDE氏（假名）从入住就开始绝食，也不进入房间，只有在职员看不见时，偷偷地吃家属为他留下的他喜欢吃的果冻。他看到房间门口的名字挂牌就说："这不是我的房间。"有时还会取掉挂牌。过了大概两三天，我们采取办法终于把已疲惫的HIDE氏引入房间，但绝食依然严重，绝对不碰养老院提供的饮食，因而日渐消瘦。我们也让家属拿来了他在健康时常去的餐厅的餐具，但他看到后就说"是谁偷着拿过来的"，依然不吃盛放在那个餐具里的食物。我们想可能职员关心太多会起反作用，于是就减少接触而把饭团放入房间内。HIDE氏在职员能看得见时不去碰食物，但到第二天早晨，饭团却不见了。从那以后连续几天，我们都只把饭团放入盘中，和茶水一起搁在房间内，以后慢慢地增加副食直到他能吃下一个人的饭量，这个过程花了约一个月的时间。但是 HIDE 氏一旦进入房间就不愿再出来。我们不强迫也不放弃，每到吃饭时间都邀他去食堂。两三个月以后，他开始在食堂吃饭，合唱日时也会来观看，活动范围慢慢地在扩大。某天傍晚，几个人一起在唱卡拉 OK，前来观看的 HIDE 氏突然从正在唱歌的入住者手中夺过麦克开始唱歌。看到这一幕，职员奔走相告：“新闻！HIDE 先生唱歌啦！”可以说，这都是大家艰苦忍耐和等待的结果。

(4) 不卫生行为

超过 90 岁高龄的 TERU（假名）氏，用当今的话说就是曾经的精英，且一直单身生活，有时侄子会过来看望他。

TERU 氏有自己的住宅，据说还是自己设计的。他人很精神，一起交流也很开心。有一天，侄子来家里看望他，据说是看到墙上涂抹了很多粪便。面对这个状况，侄子非常吃惊，当时就想无论如何要让 TERU 氏入住养老院。TERU 氏于是就暂时入住了老人保健机构，并同时考虑着下一个入住的养老机构。

TERU 氏的行为很独特，他经常去附近的酒专卖店去买酒。我们还在想怎么只见买不见喝，原来他是早上喝酒。他说看着太阳升起喝酒是很享受的。他把剩饭剩菜拿走说是去喂猫，原来是放在了自己想象中的猫的面前。职员怕饭菜腐蚀就暗地拿走，他好像也不介意。

有一天，附近幼儿园的孩子们来养老院进行了毕业演出。孩子们的演出特别可爱，有些老人甚至流下了眼泪。我们让 TERU 氏代表去讲几句谢辞，因为是临时决定还认为他会为难，结果他的谢辞非常精彩。“孩子们茁壮地成长，即使进入小学……”是年轻的介护人员无论如何也讲不出的谢辞。

我们根据他本人的情况按时间提醒入厕，排泄成功的次数逐渐增多。当然，有时也会失败，但已经完全没有了涂抹大便的情况。

（5）重复的会话

NOBUYO 氏（假名）经常不记得一分钟前说的话，要经常回答她“现在几点?”的询问。如果她的情绪不稳定，这种会话就变得很频繁。不只是时间，她还反复地询问：“今天是几号?”如果没有入厕提醒，还会发生失禁的情况。

从大清早她就开始反复地向丈夫确认今天是不是该去日间服务，她丈夫觉得“太缠人了”，也就渐渐地不再理会她，NOBUYO 氏也感觉到了这一点，经常跟职员抱怨自己的丈夫。她很会聊天，也能很好地回应，其他利用者的家属说她“脑子很清楚，很羡慕”。但她丈夫对这种评价则感受复杂。她的丈夫对此也感到不耐烦和焦虑，虽然说再多遍也会马上忘记，但还是希望她能一直在自己家里生活。

● 在介护现场该如何应对

・・・①身体约束

2001 年 4 月开始，日本实施了介护保险制度，身体约束也随之被禁止。

在介护工作现场，为保证安全以“不得已”的意识而采取的身体约束也发生了很大的变化并得到了改善。

改善的动力来自于不实施约束的决心和每周进行的有关身体约束的讨论会。

这是发生在特别养护养老院的事件。

接到禁止身体约束的规定，我们决定尽可能地不实施约束，在不得已、必要的情况下实施身体约束要获得家属的同意书，全体职员都表示赞同。几乎所有职员都认为“除非万不得已，绝不实施约束”。

东京都方面会定期过来检查，这之前我们先进行自我检查，对身体约束也进行了重新审视。当然，完全没有使用捆绑带进行约束的情况，但是为防止老人从床上跌落而使用了四周围有栅栏的床①以及为防止老人从轮椅上跌倒而使用了安全带等，也对几位老人实施了约束，如果加上短时间服务利用者，实际上被约束老人超过了 10 位，这令我们很吃惊。

每周养老院都会召开讨论会，我们先从比较容易的老人开始终止身体约束。这样通过每次的会议讨论，逐渐终止了对老人的身体约束，但其中也有失败的事例。

有位患有认知障碍症的男性，会将大便抹在手上。在养老院的会议中，大家认为，既然无法让他穿连衣裤，就得让护士对他实施灌肠。但我们认为废除身体约束的目的就是让老人生活得具有人的尊严，对无论如何无法大便的人实施灌肠是不得已，但对能大便的人进行灌肠就是本末倒置。是不是可以仔细观察老人何时要大便而提醒入厕，如果不行，那么是否能够观察到便后的信号等，于是我们就改变了计划。实际上该男性在厕所大便比较难，在衣裤内大便的次数还是很多，但职员也观察到了大便后的征兆，于是便没有实施灌肠，也没让该男性穿着连衣裤。

在 80 位入住者中，仍然实施身体约束的只剩下本人拒绝摘掉轮椅安全带的一位以及一位 50 多岁患认知障碍症的年轻女性患者，而到这一阶段，我们就中止了身体约束废止讨论会，之后名称改为安全委员会而继续会议讨论。

MIYO 氏（假名）坐轮椅时很顽固地不愿意摘掉安全带，只要醒来就

---

① 根据《介护保险法》第 87 条规定，指定介护老人福祉机构在提供服务时，除去为保护生命或身体时的紧急或不得已的状况，不得采取身体约束或限制行动的行为。（参考以下）

成为身体约束的具体行为：

①为了使老人不来回走动，用绳子等将身体和四肢捆绑在轮椅、椅子和床上。

②为了不让老人落床，用绳子等将身体和四肢捆在床上。

③为了不让老人自己从床上下来，用栅栏将床四周围上。

④为了不让老人自己拔掉点滴和营养输送等的管子，用绳子捆绑四肢。

⑤为了不让老人自己拔掉点滴和营养输送等的管子，或不让手抓皮肤，而戴上包指手套。

⑥为了不让老人从椅子和轮椅上滑下或站起，配装 Y 字形限制带、腰部安全带和轮椅小桌。

⑦使用具有妨碍老人站立能力的椅子。

⑧为防止脱衣服及摘掉纸尿裤而让老人穿连衣裤。

⑨为防止老人给他人带来不便的行为，用绳子等将身体和四肢捆在床上。

⑩为使行为安静而让老人过度服用精神类药物。

⑪把老人隔离在以自己无法打开的房间里。

指着安全带说“快，把这个系上”。我们问她：“为什么系安全带?”她把头伸出来说：“摸摸看，头是不是凹凸不平?”的确，她在使用轮椅时，由于快速站起失去平衡而跌倒过好几次。MIYO 氏也会去楼顶和外出，但是个顽固者。

那位 50 多岁女性的情况更加严重。这位女性入住前曾住过几家老人保健机构，很瘦、眼睛突出而且没表情，身体会大幅摇摆、下肢运动不受大脑控制、行为不分昼夜等，是我们从来没遇到过的情况，说话始终只有一句：“傻瓜!”

该女性入住的第一天，我们就发现她差点从床上掉下来，果然就如同上一家机构移交书中的描述一样，于是我们就在床的四周围上栅栏以防止她从床上跌落。第二天，又发现她直愣愣地站在床上，于是为防止落床，就把垫被直接铺在地板上。但不知道什么时候她又会站起来并像跌倒一样地摔下去，我们感到情况很危险。室内有飘窗也有洗漱台，即使是墙也是危险的，为保证安全，我们就把整个屋用床垫围起来。即使这样还是对该女性进行了身体约束。如果是坐着，她的身体肯定会前后摇摆，而且有时会横向倒下，还发生过下颚碰到桌子而出血的情况。虽然我们采取了把浴巾和枕头垫在桌上的措施，但实际上当她坐在椅子上不使用安全带是很危险的。直至该女性生命的最后时期，都没能取消坐姿时的安全带。但是每顿饭菜该女性都能全部吃掉，这还算令人欣慰。

突然站起来是不是意味着能走动，还是不想走动? 于是，我们就牵着她的手试着走。虽然有弯腰屈膝的担心，但该女性还是能走。随着走动时间和次数逐渐地增加，从在走廊中行走到院子里行走，改变了行走的活动范围，该女性的表情也发生了变化，变得能够微笑了。跟她招呼“早上好”，她也能回应“早”。无论如何，那充满气势地喊叫“傻瓜!”的次数已经迅速减少了。

当然，每两周一次的精神科医生定期诊疗和服用药剂也产生了效果，但我认为是工作人员积极促进走动的热情带来了如此大的变化。这位女性在养老机构中生活了 5 年，渐渐地无法行走而且饮食也逐渐变得困难，于去年去世了。

这也是认知障碍症患者人生终期的事例。

・・・②开心的事和舒心的事

在胜氏（假名）入住第二天我们就邀他一起给花浇水，并把水管递给了他，但他只会把水浇向自己的脚边，完全无法浇花。入住后如果发出邀请，他也会去吃饭，提醒后也会去厕所，对介护没有抵抗，但特征是寡言默然及行动缓慢。

入住一年后，养老院组织老人们乘大巴旅游，胜氏也参加了。事情就发生在餐厅用餐时。我们问看起来很开心的胜氏：“胜先生以前在学校教什么?”他回答道：“体育。”从那以后，他就变得能够持续会话了。少数人一同去赏花时，胜氏看到女性职员的背包就说：“我来帮你拿，”就把背包拿了过去。还帮助我们一起推其他入住老人的轮椅。在道路比较窄的场所或遇到坡而没有能推动的自信时，他就静静地等着工作人员的到来。

还变得能够判断了，也恋爱了。

一位入住的女性老人渐渐地称胜氏为“孩子爸”，坐位也慢慢地移到了胜氏旁边。胜氏虽然从未称呼过这位女性为“孩子妈”，但当该女性从医院出院回来时，他真心地笑着迎接道：“回来啦。”但胜氏的认知障碍症并未得到彻底的改善，有时会他会跑进楼顶的池子中，有时会站在面向 2 楼里院的花台上，把工作人员吓得腿都软了。从胜氏的经验中我们认识到，出门去不同的地方、进行开心的体验、接受合乎本人特性的介护，这种开心并舒心的体验有时能获得超出预想的效果。

・・・③对“性”的审视

上面讲到的胜氏和女性的关系是该女性单方面称呼胜氏为“孩子爸”的关系，可以看出该女性已完全把胜氏看作丈夫，胜氏好像也有过困惑，但对待该女性还是很温柔。

ASA 氏（假名）和亨氏（假名）的情况与胜氏和该女性的关系则完全不同。两个人手牵手或勾肩搭背，完全不顾旁人，一会儿不见对方就开始互相寻找。结果被其他入住者抱怨道：“这里变得和以前完全不一样了。”

我们不得已让他们二人开始同住一室。ASA 女士有个女儿，我们就把他们两个人的关系以及同室之事进行了告知。ASA 氏和亨氏两人都称呼对方与本名不同的名字，每次被用不同名字称呼时，两个人都显示出了困惑的表情。我们也烦恼该如何应对，结果还是保持现状并进行了观望。亨先生住院时，ASA 女士流泪抱怨道“他去找其他女人了”。可能也有亨先生住院时间较长的缘故，当把亨先生去世的消息告诉她时，该女性好像已经忘记了一样，没有任何反应。

男性喜欢年轻女性，有时能看到摸脸、摸胸或摸屁股等性骚扰行为，偶尔也出现女性喜欢年轻男性的情况。如果是女性工作人员叫 SAWA（假名）女士洗澡她会拒绝，但如果男性职员去叫她，她就会马上去浴室。我们实施的基本上都是同性介护，但偶尔也会有例外。

③终期介护

● 在养老机构

特别养护养老院也是老人人生终期的住所，所以我们认为应积极地进行终期介护。入住者本人肯定是想回到自己家，但这是不可以的。因为他们都是因各种原因而无法在自己家中生活。因此，我们认为应该像在家中一样，在家属的守护中迎接老人人生的最后时期。

FUMI 氏（假名）超过 90 岁开始入住特别养护养老院。在耳聪目明的时候，如果天气晴朗则会晒被子、洗内衣，和其他入住者一起愉快地做手工和缝制，是为数不多的能够自立生活的入住者，她会说“现在最好”，是和善且一直面带笑容的老人，也办了 living will（生前遗嘱）的手续。

FUMI 氏过了 95 岁以后，视力急速下降，耳朵也听不见了，开始不愿意加入到人群中。过了不久，FUMI 氏就说“必须回家”，并把自己的东西摊在房间中，开始使用家属及工作人员都听不懂的语言。家属也很理解这种状况，每天都来看望。FUMI 氏饭量也在不断减少，家属和工作人员都感觉到她已经到了人生最后的时期。终于在 FUMI 氏快到最终时刻时，工作人员假作她还能够听见，每次去她房间都会以开朗的声音告诉她当天的天气状况、放在旁边的花名以及家属的情况。我们也商量要不要放些她本人喜欢的音乐。在入浴会成为身体负担时，进行了擦拭以及足浴和手浴，也允许家属无论在什么时间段都可以过来，其中也有家属陪住一个月以上，有些家属每天会带食物过来。

FUMI 氏在老人院中安静地去世了。工作人员收到了家属的感谢及鼓励的信件：“承蒙关照，母亲能够保持人的尊严生活直至最后时期，并得以天寿终结”“祝愿养老院越来越受到地区居民的爱戴并发展壮大，祝愿工作人员健康、工作顺利”，这个信件寄给了所有的工作人员。

YAE 氏（假名）从入住开始就是卧床状态，但还是能够与家属及熟悉的工作人员进行一些交流，能勉强吃些搅碎的食品，但入住不到 2 个月就无法再吃了。家属表示：“她一直为我们做了很多，想让她就这样自然地迎接终期”。每天都有孩子来看望她，快到终期时，女儿拿来了说是“母亲最喜欢的”豆沙，在女儿的呼唤下，虽然只是一小口，但 YAE 氏还是舔了一下豆沙，看得出来她脸上露出了轻微的喜悦表情。看到这种状况后女儿就去上班了，一小时后 YAE 女士去世了，可以说直至最后，她都能与家属交流。据说，就连舔过最后一口豆沙后，女儿说要去上班时，她还回答：“好”。直至最后，她肯定都感受了家人之间的关爱。

终期介护的基本不是怎样死和在哪里死，而是一种对直至人生终期该如何进行生活支援，具体应该如何去做是值得思考的。老人本人的愿望很难传达给家属及周围的人，如果长期卧床就会变成无法表明自己愿望的状态；如果患认知障碍症，老人也很难就最后想做什么、想怎样迎接终期等情况进行交流。最近，养老院使用“万一笔记”，开展了把想告知家属及周围人的事项写下来的活动。

・・・居家中也有这种状况

我们接到来自与认知障碍症妻子共同生活的丈夫的电话，说妻子去世了，是在家里吃饭时窒息而死。长期以来，从食物准备到介助及助厕直至无法行走后使用轮椅外出，该丈夫一直真心热情地对妻子进行了介护。

妻子的认知障碍症不断地加重，渐渐地把糊状食物及水放入口中也变得吞咽困难。即使这样，丈夫还是抱着送妻子临终的心情进行了介护。正如文字所描述，妻子在丈夫的怀中去世。

丈夫对接到联系后到来的工作人员，除了感谢之语外，还说希望能够利用这些年的经验做些能够对实施介护的家属有利的志愿活动。

④同性介护

在创建特别养护养老院时，职工之间对很多事项进行了商议，其中一个就是同性介护。

居家介护在申请家务护理员派遣时，大多希望派遣女性护理员。我们认为禁止男性从事女性身体的介护是理所当然的要求，于是就商议在养老院是否也这样做，认为应由同性进行入浴、助厕及衣服替换等介护。

女性平均寿命长，当然养老院的入住比率也是女性比较高，所以不得不雇用更多的女性职工，但最近志愿从事介护工作的男性比较多，因此在雇用时有些令人头疼。在养老院中，无论是入住者还是家属对男性职工的评价还都很不错。

⑤获取 ISO

最近，获取 ISO 认证（International Organization for Standardization，国际标准化机构）而从事提供介护服务的法人在增加。介护服务中比较多的是获取 ISO 9001，但为什么现在要取得 ISO 9001？ISO 9001 究竟是什么？

ISO 是指创建体系以提供获得顾客满意的产品及服务并进行管理。因此，法人机构要制定规则，制定工作流程指南，并对是否按照规则开展工作进行监督。法人机构需要定期实施内部的监察，还要接受每年一次的来自评价机构的审查。在繁忙的介护工作现场中，要持续地维持这个体系需要相当大的努力。法人机构要定期召开质量管理委员会，定期实施已决定的学习会，在实施出现不顺畅或介护保险等发生修改时，机构还需要根据状况对工作流程进行修改。

那么，ISO 是否能够提高介护的质量呢？

接受介护服务的是活生生的人，每个人的状况不同，不存在具有同样价值观的人，每个人都愿意按照自己的个性生活。介护服务不是在制作产品，不可能存在符合具有不同价值观的所有人的工作流程。虽然说创建提供服务的体系并进行维持是合理且有效的，但对于提高介护质量还需要进行更多的商讨。

⑥风险管理

并不是只要热心地从事介护一切就都能够顺利进行，原因之一就是意外事故（虚惊和事故）。前面讲到的冈田氏就非常具有擅自外出的危险，但养老院对其评估不够充分，就连能知道大门是否被打开的门铃都没装，所以不得不说养老院的风险管理做得十分不够。

冈田氏的情况发生后，让家属来到介护服务所并接受了他本人当时的状况，但如果是刚入住者或对介护服务所的特点和作用没能理解，那养老院就不得不为说明情况而花费很大力气。

事故总是具有重复发生的倾向，有时一个事故会成为另一个事故的诱发原因。

在日间服务中，擅自外出事件发生时，其他另一位利用者在回家时抱怨说自己房间的钥匙不见了，因为正好是接送时间，在场职员不多，于是就在寻找上花费了很多时间，而事件正发生在这个时间段内。职工之间没能做好寻找的分工。该男性在自己家时就发生过擅自外出的事件，但养老院还是没能做到充分的评估，可以说，养老院在风险管理上存在问题。

事故会留下记录，因此有必要对如何回避危险进行讨论，在 ISO 标准规定中采取的则是将有效对策进行平面展开（将已有的技术和知识应用到其他方面和领域）。

我们必须牢记要进行充分评估，并在此基础上制定具体的对策，而且事故发生后的记录也必不可少。

3. 今后介护服务实施现场的课题

在介护服务实施现场工作的十几年中，我感受到了介护工作人员对介护服务利用者的热心。这种对介护服务利用者的热情肯定会成为提高介护服务质量的原动力。同时，为了使任何人都能在生活中保持个人尊严而提高服务质量，我认为必须持续要求加强社会保障和改善介护员工的待遇。

我们介护的对象基本都是需要介护的高龄者和残障者，而拥有要介护者家庭的家属也是我们要看护的对象。

高龄者的独居在不断增加，老年夫妇以及老老介护等已发展到了严峻的状态。

最近遇到了这样一种状况：一直生活一起的老年夫妇在妻子住院期间丈夫身体也开始恶化，在妻子出院当天，丈夫就被救护车送入医院，第二天就在医院里去世了。空巢老年夫妇的生活是妻子和丈夫相互依靠、相互支撑，如有一方因身体不适而住院，另一方的生活就会变得没指望。如果是认知障碍症患者本人及家属，情况就更加严重。如果能在早期得到适当的介护，多数人就能够继续居家生活，所以我们迫切地感受到非常需要对高龄者进行守护和支援的社会体系。

下面是介护服务员工的问题。

现在，在全国范围内都持续存在着难以确保介护员工的状况，特别在城市，这种情况就更加严重。

从 2009 年开始，如果养老院能满足一定的条件，国家就可以支付介护职工待遇和改善补助金。从 2012 年度开始，待遇改善补助金被合并入介护服务报酬，因此就增加了服务利用者的支付费用。但介护职工待遇的改善不得不说依然十分不够，介护服务员工的确保依然处于严峻的状况。

去年，日本对社会福祉士以及《介护福祉士法》进行了部分修改，介护服务员工开始实施医疗行为，这样一来就更加急需对介护认证护工的培养。我们认为有必要敞开介护认证护工培养大专院校的大门以增加介护认证护工的绝对数量。

我们值此书出版之际参观了一些进行先进介护的养老机构。JOINT（年轻认知障碍症患者社会参与援助中心）就是其中一家。

在 JOINT，4 位 60 岁左右的男性接待了我们。他们各自诉说了至今为止的生活经历和现在的心情。4 个人的共同点是“想为社会做些有用之事”

“想从事工作”“想从事更多的志愿者活动”等，即社会参与。

年轻的认知障碍症患者和高龄认知障碍症患者不同，身体方面正处在健康工作旺盛的时期，孩子也许还未自立，因此关于家庭成员、工作、家庭经济状况等的烦恼和担心也会比较多，所以有必要对他们进行一些特殊援助，使他们接受认知障碍的现实并继续生活下去。

在 JOINT，需介护者和同样处境的人相互激励，并以社会参与为目标而努力。他们异口同声地说，来援助中心感受到了前所未有的生存意义和快乐，而且也找到了认知障碍症发病后对新事物的挑战，比如有个人开始学习单簧管，原因是喜欢莫扎特。

随着高龄者的增加，认知障碍症介护已成为最重要的课题。其中年轻的老年认知障碍症患者的介护虽然已到了非常严峻的状况，但至今为止介护资源却相当地不充分。因此，希望国家能有特殊的扶持对策。

创建支撑超高龄社会时代的地区社会也成为课题。

接受介护服务的人、拥有需介护者的家属、介护服务承担者以及现阶段与介护无缘的年轻一代，有必要就有关高龄者、儿童养育、工作状况等与行政及地区居民共同创建相互依赖的地区社会。

第二篇
有关介护质量的理论

第一章
“介护”的语义在变化——追求为提高质量而进行的范式转换

●森山千贺子

导言

介护（对心身具有某种残障的人进行照顾）行为，被认为与人类开展集体生活的历史同时存在并发展至今，从对古人的骨头及考古学的研究中发现，日本最古老的介护事例可以追溯到绳文时代①。在飞鸟时代，如同

① 「縄文時代の骨折の病態から推測される看護・介護の状況」藤田尚『新潟県立看護大学学長特別研究費研究報告書 2005』(2006 年)，P. 40～44。

根据光明皇后[①]的祈愿建立的悲田院、和忍性[②]设立的北山十八间户，打破了家庭和近邻等的框架，被认为已经呈现出了宗教和社会性活动的形态。近年来，“介护”这一用语经常被“看护”一词置换，少子高龄社会问题、医疗及介护的伦理性问题和从儿童至高龄者所具有的各种问题等，在这种背景下，21 世纪又被称为“介护的世纪”。“介护”（care）一词被翻译成“看护”“照顾”“治疗”“关照”“操心”等，自 20 世纪 80 年代以来，在日本被用在了医疗、看护、介护、福祉、心理、教育、伦理、哲学等多个领域，包括 2000 年开始实施的介护保险制度，都对介护进行了跨学科性的研究。[③]

本章将把焦点对准从开始作为日本独自用语而发展至今的“介护”一词，而非“看护”上。第一，明治时期以后这一词义是如何发生变化的；第二，第二次世界大战后的高龄者福祉政策是如何规定介护质量的；第三，从介护实践现场出发考察改善介护质量的发展路径；最后，在面向 2050 年范式转换的背景下，对提高介护质量的必要条件进行探讨。

1. 从明治时期起观察“介护”语义的变化

①“介护” 这一词语的出现（从明治时期至《老人福祉法》的颁布时期）

“介护”一词首次开始出现在 1991 年发行的第四版《广辞苑》[④] 中。

---

① 光明皇后（701 年—760 年）是藤原不必等的女儿，圣武天皇的皇后。虔诚信奉佛教，向天皇建议建造了东大寺、国分寺、国分尼寺，设立悲田院和施药院，对贫苦的人们及病人实施救助。

② 忍性（1217 年—1304 年），叡尊的弟子，真言律宗的高僧，西大寺之后奔赴关东地区以镰仓为中心开展传教活动，更是投身于对以麻风病人及盲人为首的病人、受到歧视的罪人、贫穷人的救助，被称作存在于中世纪的“救助之人”。最近，也被称为“镰仓的特蕾莎修女”（于 87 岁时在镰仓的极乐寺去世）。在西大寺时期，在奈良坂建立了日本现存最古老的麻风病救助设施“北山十八间户”。

③ 日本文部科学省管辖的独立行政法人日本学术振兴会，把 21 世纪看作“介护的世纪”，虽有时间期限，但还是在 2012 年（平成二十四年）—2014 年（平成二十六年）期间的“科学研究费赞助项目”中设置了“介护学”。

④ 在『広辞苑　第四版』（新村出编，岩波书店，1991 年）中，定义介护为“对病人等进行的护理和看护”。

因此，“介护”这一词录入词典并得到社会认可的时间还不足 20 年，可以认为还是比较新的词语。

但是“介护”一词大约在明治中期就出现在了日本的法令中，《陆军军人伤痍疾病恩给等差例》（陆军省陆令第 96 号，1892 年即明治二十五年，12 月 24 日）的第 1 条第 1 号中，就有“因造成部分残疾或重疾需要介护者……”的记载。之后在 1923 年（大正十二年）制定的《恩给法施行条例》第 24 条中对伤痍军人的照顾对策也用了“需要始终卧床且需要复杂介护者”[①] 这种说法，也曾在《救护法》[②] 及有关伤病保护的规定中有过出现。

第二次世界大战后，1956 年（昭和三十一年）由长野县内 13 个市、町、村制定的《家庭养护妇女派遣项目辅助纲要》第 2 节第 1 项中，作为对派遣对象的规定，有“……需要介护的老人、身体残障者、伤病者……”等这种记载。在 1961 年《儿童抚养补助实施法令》中，也出现了“介护”这一词语。总之可以认为，在这以前的“介护”一词被用来确定身体残障程度，从而政府补助对象。

②高龄者养老机构中的介护——生活周边的照顾（《老人福祉法》的制定）

“介护”一词作为社会福祉机构中的人为服务内容的含义而被从法律上确定，开始于中央社会福祉审议会要求制定老人福祉法的《关于老人福祉政策推进的意见》（1962 年即昭和三十七年，12 月 5 日）。其中写道：“对于因精神或身体上存在显著缺陷而时常需要介护的老人，为了有效地实施相应措施，应讨论制定区别于其他老人而进行收容的对策……”虽然对介护内容和范围没有明确的记载，但作为对受他人保护而生活的人所采

① 《恩给法》（1923 年即大正十二年，法律第 48 号）中关于伤残疾病的程度，根据实施法令第 24 条规定，从特别项目症状到第七项目症状共分为 8 个等级。在特别项目等级中有：一是需要始终卧床且需要复杂介护者，二是因重大心理障碍需要监视或需要复杂介护者等。参考上平正治《軍事援護事業概要》《戦前期社会事業基本文献集 6》（日本图书中心，1995 年），P. 27。

② 对因老衰、疾病、贫困等原因而无法生活者进行救助的法律。1929 年 4 月 2 日公布，1932 年 1 月 1 日开始实施。随着 1946 年《生活保护法》的实施，于同年 10 月 1 日废止。

取的政策课题，出现了“介护”这一词语。

在1963年（昭和三十八年）制定的《老人福祉法》中，作为在特别养护老人院（以下简称“特养”[①]）中对高龄者进行生活周边照顾（人为服务）的含义，使用了“介护”一词。当初特养是按照类似于欧美的护士站而设计的，但因护士人手不足，就取介助中的“介”和看护中的“护”而形成“介护”这一新词，把在特养工作的（对高龄者进行照顾的）非专业职工称为“寮母”，而把寮母采取的行为称作“介护”，以区别于护士进行的“看护”行为。[②] 就是说，当时作为介护对象的高龄者是基本上不需要医疗性看护的老人，而且也不需要专业性的看护，研究者认为在这种含义上优先满足了量性需求。1970年后，特养的建设得到了快速而显著的推进。[③]

同时，随着高龄者和残障者的“生活周边的照顾”逐渐变成“介护”这一概念，比如开始把在家对卧床老人进行照顾的家属称为“介护者”，也就逐渐出现了对卧床老人进行介护的表达方式。

③具有职业资格的介护认证护工的诞生（1987年和2007年的定义）

虽然存在特养中寮母的工作即“介护”，可以视为对非专业人员的这种默认，但在1970年以后，特养及地区中的家务助工活动实践得到不断积累，在残障者和高龄者的介护需求不断高涨的背景下，对介护服务的专业性要求和后面将要提及的介护内容质量改善的有关讨论也日益活跃，寮母也开始了研修会。这种介护的专业化使具备专业知识和技能的人员从事介护实践的必要性得到了认可，1987年（昭和六十二年）制定了《社会福祉

① 65岁以上老龄者、身体或精神上存在显著残障且需要时常介护且居家生活困难的高龄者等入住的高龄者养老机构，是与《老人福祉法》同时诞生的高龄者养老机构。

② 「第1章　介護とは」中村裕子『介護福祉士選書　新版　介護福祉概論』岩桥成子编著（建帛社），2005年，P. 6。

③ 根据民生委员会实施的全国同时监控调查—全国社会福祉协议会「居宅の寝たきり老人実態調査」（1968年），我们知道了70岁以上的高龄者约390万，接受老龄福祉年金者266万，其中约20万人处于卧床状态。

士及介护福祉士法》，从而诞生了介护认证护工这一国家职业资格。

根据当时的《社会福祉士及介护福祉士法》对介护认证护工的定义，在第 2 条第 2 项中，“介护认证护工”是指经过第 42 条第 1 项的登记，使用介护认证护工这一名称，“用专业知识及技术对因身体或精神上存在残障而难以进行日常生活的人们进行入浴、入厕、饮食及其他方面的介护，同时对受介护者及介护者进行有关介护方面的指导（以下简称“介护等”），并以此为职业的人”。即在 1987 年的那个阶段，介护被定义是对身体和精神上有障碍的人们提供（可能）“‘入浴、排泄、饮食（三大介护）’等日常生活实施的援助”。

2007 年 12 月，在被称为时隔 20 年大修改的《社会福祉士及介护福祉士法》的修改中，第 2 条第 2 项的规定把“介护认证护工”变更为经过第 42 条第 1 项的登记，使用介护认证护工这一名称，“用专业知识和技术对于因身体及精神上存在残障而难以进行日常生活的人们，根据其身心状况实施介护以及对受介护者及介护者进行有关介护方面的指导（以下简称“介护等”），并以此为职业的人”。

把定义修改为“根据身心状况实施介护”是因为根据《介护保险法》及《残障者自立援助法》的制定以及认知障碍症患者和家属之会[①]的活动，不断要求对认知障碍症患者及精神障碍患者进行介护要有新的支援方式，而不是只停留在至今为止的入浴、排泄、饮食、移动等身体上的介护。另外，QOL、残障者生活正常化、自立（自律）支援等对人的尊重和尊严的概念也作为人们的理想模式而不断被提及，可以说这也产生了很大的影响。

④对身心两方面的综合生活支援——QOL 的提高

在《广辞苑（第六版）》[②] 中，“介护”被变更为“对高龄者及病人等

---

① 公益社团法人“认知障碍症患者和家属之会”，在 1980 年以“拥有认知障碍老人患者家属之会”的名称在京都成立。现在 46 个都、道、府、县都有分支，1 万名会员相互鼓励、相互支持，以实现“认知障碍症患者也能放心生活的社会”为目的而开展活动。

② 『広辞苑』新村出编，岩波书店，2008 年。时隔 10 年的大幅修改，是最新版。

进行介助，对其日常生活进行帮助”，加入了“日常生活”一词。虽然对日常生活的解释因人而异，但至少作为社会人日常生活再持续的这一含义得到了考虑。

另外，在2011年（平成二十三年）开始实施的介护认证护工国家考试命题标准基本原则中规定，“介护不只是技术性行为，也是人类的社会性行为，应该予以综合性、多面性的理解。新课程规定学习有关三个领域（人类和社会、介护、心理及身体构造）的内容，但对这三个领域不只是进行单独命题，也可以进行横向性及相互融合性的命题”①。可以说，在介护认证护工这一专业资格条件上，根据身心状况实施的介护已经将人类的社会性行为改为为提高QOL（人生质量、生活质量）而对身心两方面进行的综合生活支援。

另外，从介护关系中的一方，介护者对当事者支援的角度出发，指出“介护者支援以及对介护者和被介护者相互关系的支援，是与介护质量有关的重要论点”②，现在，“被介护者和介护者相互关系上的支援”也在逐渐变成介护行为及介护实践应发挥的作用。

以上可以看出，“介护”这一词语（用语）的含义即语义，从特定公共补助对象用语到生活周边照顾含义的用语，再到旨在提高QOL的、对身心两方面的综合生活支援，发展到了对相互关系进行支援的“体现人们生活的全部行为进行综合并进行表达的语言（用语）”。

2. 第二次世界大战后日本福祉政策中对介护质量的规定

第二次世界大战后的高龄者福祉政策是如何规定介护的呢？我将在概述福祉政策的同时对年代进行划分，并根据介护质量的状况来整理内容。

---

① 『社会福祉士・介護福祉士・精神保健福祉士国家試験出題基準・合格基準』、财团法人社会福祉振兴・考试中心、2003年7月30日，P. 109。

② 「終章　男性介護者研究の視座」『男性介護者白書—家族介護者支援への提言』津止正敏、齐藤真绪，KAGAWA出版，2007年，p. 174～175。

●**“介护”和“介助”用法的区别**

“介助”——对单个行为实施帮助。

“介护”——“对身心两方面进行综合性生活支援”，QOL、正常生活化、自立（律）支援。

①第二次世界大战后至《老人福祉法》制定之前

在第二次世界大战刚结束后的日本，因失业、战争、物价飞涨等原因，生活贫困者急剧增加。因此，为保障生活贫困者的最低生活水平，政府于 1946 年（昭和二十一年）制定了《生活保障法》。第二次世界大战前根据救护法建立的养老院就成为《生活保障法》下的保护机构，特别是对无处可去的生活贫困高龄者（因战争变成的孤寡老人）进行了救助。同年，公布了《日本国宪法》，根据第 25 条的生存权保障的规定，1950 年（昭和二十五年）对《生活保护法》进行了全方面的修改。曾经的养老院也因此改称为“养老机构”，成为了“收容因老衰而无法独立继续日常生活的要保护者并实施生活扶助”的设施机构。

此外，因战争孤儿以及遣返孤儿保护的问题，日本政府于 1947 年（昭和二十二年）制定了《儿童福祉法》，以及因有必要尽快地对更多的伤痍军人实施救助，于 1949 年（昭和二十四年）制定了《身体残障者福祉法》。①

这时的社会福祉，正如在 1950 年的社会保障制度审议会《劝言》②中所述，主要内容是保障国民最低水平的文化生活，即生活保护。因此，国家政策具有较强的作为经济贫困者对策的性质，并且在仍然存在几代同居的情况下，对高龄者的周边照顾（介护）被看作家庭的工作（应由

---

① 《生活保障法》《儿童福祉法》以及《身体残障者福祉法》被称为“福祉三法”，在第二次世界大战刚结束时，以这三个法为中心推进了社会福祉的举措。

② 1950 年的社会保障制度审议会（总理直属的咨询机构）《劝言》构成了第二次世界大战后日本的社会保障框架。在《劝言》本文中，从宪法第 25 条开始讲起，明确地写到“所谓社会保障就是对于疾病、负伤、分娩、残障、死亡、老龄、失业、多子及其他造成贫困的原因，用保险方法或在直接公共负担以采取经济保障的方法，对陷入生活贫困者通过国家扶助来保障最低水平的生活，同时力图提高公共卫生及社会福祉，以使国民能够过上与普通社会成员相匹配的生活”。

家属承担）。

②《老人福祉法》制定之后（20世纪60年代高速经济增长期）

进入20世纪60年代，日本迎来了高速经济增长期，由于产业结构的变化，人口的城市集中及地方人口的流出、女性进入社会等原因使核心家庭逐渐增加，家庭的抚养功能也在不断地下降。另外，高速经济增长使社会福祉政策从原来的生活贫困者对策不断地扩大适用范围。1960年（昭和三十五年）制定了《精神薄弱者福祉法》，1963年（昭和三十八年）制定了《老人福祉法》，1964年（昭和三十九年）制定了《母子福祉法》。[①] 特别是在高龄者福祉领域，以往的经济贫困者救助对象发展到因年龄增长而出现身心障碍和疾病的老年人，《生活保护法》下的养老机构成为养护养老院，从而诞生了新的特别养护养老院和低缴费老人院。[②]

在居家福祉领域中，由国库补助实施的老人家庭服务员派遣项目在1962年被制度化，第二年随着《老人福祉法》的制定，开始实施了“老人家庭服务员派遣项目”（家务助工项目[③]）。接着1967年（昭和四十二年）根据《身体残障者福祉法》的修改开始实施了“身体残障者家庭服务员派遣项目”。但这个时期的政策课题仍是“以养老机构福祉为中心”的时代。

---

① 《精神薄弱者福祉法》在1998年名称改为《智力障碍者福祉法》，《母子福祉法》在1981年改为《母子及寡妇福祉法》。注释中的“福祉三法”加上《智力障碍者福祉法》《老人福祉法》《母子及寡妇福祉法》，从而确立了“福祉六法体制”。

② 养护养老院是养老院的延续，以经济上陷于困窘的高龄者为入住对象。特别养护养老院的入住对象是虽有明显的身心障碍而需要时常的介护，但居家无法给予介护的高龄者。低费养老院是作为以少额费用让因家庭环境和住宅状况而无法居家生活的高龄者入住并提供日常生活所必要服务的机构而诞生的。

③ 在法律制度上，一般使用“家务助工”这一名称，《老人福祉法》制定后则一直使用了“老人家庭服务员派遣项目”这一名称。根据1990年（平成二年）的法律修改，名称更改为“家务助工项目及家务助工人员”。

另外，根据20世纪60年代后期的有关卧床老人的实际调查[①]，人数及生活现状的深刻性得以曝光，在此背景下，制定了以1971年（昭和四十六年）为第一年度的“社会福祉机构紧急整备五年计划”，开始推进了对高龄者养老机构的量性整备。

在重视养老院量性扩大的同时，在养老院的存在方式上也从因生活贫困而无处可去的老人“收容场所”的这一认识，发展到要将其改变为要介护、要支援的高龄者“生活场所”的认识，国家政策中也有意图逐步改善介护内容的征兆。[②] 另外，在1970年（昭和四十五年），日本进入了高龄化社会[③]。

20世纪60年代初，在地方政府层面出现了推动老人医疗费免费的制度化过程，到1973年（昭和四十八年）1月，对《老人福祉法》进行了部分修改，老人医疗费免费作为国家制度开始实施。[④] 同时，实施了退休金的物价指数联动制以及创设儿童补贴制度等，因此1973年（昭和四十八年）也被称为“福祉元年”。

③从机构福祉到地区、居家福祉（1973年～1979年）

1973年是“福祉元年”，同时也是第一次石油危机发生的一年。从那以后，高速经济增长期转变为低速经济成长期，经济社会逐渐开始了新的重组。这一年也是有吉佐和子的小说《恍惚之人》（新潮社）[⑤] 被拍为影视

---

① 1967年的东京都“卧床老人实际调查”、1967年的长野县社会福祉协议会“卧床老人实际调查”、1968年的全国社会福祉审议会等。

② 1972年（昭和四十七年）在中央社会福祉审议会老人福祉分科会上的《关于〈养老院存在方式〉的中间意见》中，提出了“将养老院从‘收容场所’提升到‘生活场所’，应该具备以老人的身心机能作为福祉护理的内容和重视个人隐私，居住水平不低于一般居住水准的内容”的意见。

③ 所谓高龄化社会，是指65岁以上的高龄者人数占全部人口的比率达到7%的社会。1956年，联合国把65岁以上人群作为“高龄者”计算出了占全部人口的高龄者人口比率，因此，多数国家把65岁以上人群看作高龄者。

④ 1960年在岩手县泽内村，以高龄者为对象的老人医疗费免费得以制度化，1969年在东京都和秋田县、1970年在京都府等，到1972年在44个都、道、府、县和6个指定城市实施了老人医疗费免费制度。地方推动国家，从而作为国家的措施创立了老人医疗费支付制度。

⑤ 1972年完成的此书是最早提及认知障碍症和老年学的文学作品。作品描写的全力进行高龄者介护的家庭状况也同样适用于现在。出版时空前畅销，作品把焦点对准了认知障碍症高龄者的介护问题，因关注度高，“恍惚之人”成为了当时的流行语。

作品的一年，认知障碍症患者家庭的实际状况不良和居家介护的严重性得到了广泛的认知，并被看成社会问题。

《老人福祉法》修改后的老人医疗费免费制度使高龄者去医疗机构就诊变得更加容易，医院等待室变成沙龙、过度药品医疗、居家介护困难的老人去医院住院（被安置到医院）等所谓“社会性住院”①急速增加，在不入住养老机构而住进“老人医院”②的高龄者不断增加的过程中，老人的医疗费也显著增加。因此，要求重新审视老人医疗费的免费制度，1982 年（昭和五十七年）制定了《老人保健法》，实际上是迎来了免费制度的终结。特别是在老人医疗费免费制度及陪同看护条件放宽③的背景下，对卧床老人进行疗养方面照顾的无证陪护人员在恶劣的劳动环境中成为医院的组成部分，这种作为陪护属性的“‘无证、非专业、社会经济地位低’的参照标准，即使有介护专业人员登记，依然具有很大的影响力，阻碍着对介护劳动者评价的转换（提升）”④，这点也被指出。

另一方面，在这个时期，对入住机构所具备的封闭性以及入住者具有的地区社会孤立的倾向进行了反省，因此在 1977 年（昭和五十二年）中央社会福祉审议会老人福祉部会的《今后养老院的存在方式》建议中，提到了养老院功能面向地区开放的重要性，1978 年（昭和五十三年）的短期入住业务、1979 年（昭和五十四年）的日间业务等成为了国家项目。这被称

---

① 是指医疗上没有住院的必要，虽然可以在家疗养，但由于家里没有介护人手、家庭内部状况不良和拒绝接回等而在医院生活的状态。

② 1993 年之前，65 岁以上的老人慢性疾病患者住院率超过 60%的医院被称为老人医院；1994 年以后，“老人住院楼”成为制度上的名称（医疗法）。以前，作为特例对于老人医院放宽了医生及护士等的配置标准，其中达到标准的医院被称为“特例许可老人医院”，而未达标的医院称为“特例许可外老人医院”。从 20 世纪 70 年代至 80 年代，利用老人医疗费的免费制度，居家介护困难的高龄者因被诊断为“老人性疾病”而住进医院，因此减少医生及护士数量而进行经营的医院增加，并产生了过度点滴、滥用药物及卧床不管等状况，成为了社会问题。

③ 满足基本条件看护的医院原则上不允许陪同照顾。但是随着 1973 年的看护支付认定条件的放宽，陪护的认定对象中新增加了“卧床老人”。“通过这个条件的变更，陪护疗养费的支付总额年年增大，成为老人医疗费激增的原因之一”（奥村元子「第Ⅲ章　看護給付承認要件の緩和とその後」『「付添看護制度の変遷に関する研究」報告書』，（财团法人）医疗经济研究机构）1997 年 3 月，P. 17。

④ 森川美绘「医療の中の介護労働－寝たきり老人対策としての「付添」の制度化と問題化を手がかりに－」『福祉社会学研究 1』，东信堂，2004 年，P. 209。

为“养老机构的社会化”[①]，但这不只是仅仅功能性地面向地区开放，也促进了居民、家属及志愿者参与养老院运营及待遇等的地区福祉的扩大。顺便提一句，在志愿者活动中，如同“杉并·改善老后会”[②] 等一样，一方面是在居民自治下持续福祉行政变革的自费活动，另一方面也有被纳入了下个时代的支出节省地区福祉的政策。

④把家属作为“账外资产” 的日本式福祉社会（20 世纪 80 年代）

由于第一次石油危机以后的经济低迷，社会开始出现“福祉修改论”。因此，构想了通过家庭抚养、地区社会相互扶助、利用民间力量和市场体系等以缩小国家公共责任、减少财政支出的“日本式福祉社会论”。这个构思以三代同居比率为背景，把家庭作为福祉中的“账外资产”进行定位，在农村强调日本特有的三代同居的家庭意义，在城市则强调构建居民参与的社区。

受这种潮流的影响，实施了养老院利用者的个人负担增加政策以及导入了老人医疗费的收费制度。另外，作为解决持续增加的需介护高龄者的对策，明确了从以往的入住式养老机构向重视居家养老方向进行转换，在医疗方面，开始实施老人保健法以削减“社会性住院”和推进居家介护。另外，为促进长期疗养患者的出院而设立了老人保健机构[③]。对于老人福祉的应有方式，从公共部门和非公共部门的作用分工、“居民参与型服务”[④] 的推进、用低于公共部门的价格提供符合老人需求服务的可能性等

---

① 使社会福祉机构成为面向地区社会开放机构的方策之一，是以机构面向地区开放为出发点，并作为地区福祉中心而逐渐成为社会福祉服务的综合开展发展基地。

② “杉并·改善老后会”成立于 1972 年，从被称为“杉并方式”的盒饭送到家活动开始了，小规模的机构设置运动、友爱之灯协会、新养老院设置会、居民主体设立的特养（社会福祉法人）设置等，这些都是持续开展活动 40 年的市民运动团体。遗憾的是 2012 年 3 月结束了活动。

③ 老人保健机构作为连接长期住院的高龄者回家疗养的过渡机构于 1986 年创设。虽然创设时的法律依据是《老人保健法》，但 2000 年 4 月以后成为依据于《介护保险法》的介护保险服务机构之一的“介护老人保健机构”。

④ 是指将居民愿望变为现实的由居民自身进行的地区福祉活动。服务利用者和提供者同住同一个地区的居民，按照“大家相互扶助”这一目的而进行的活动。

几方面出发，强调了民间企业提供服务的优越性[①]。

在之后的 1988 年，福祉相关三审议会共同企划分科会上提出了《关于今后社会福祉的存在方式》的意见谏言；1990 年，以“重视市、町、村作用和充实居家福祉”为基础，对社会福祉相关八法[②]实施了修改。《老人福祉法》中，第一，在《老人福祉法》的基本理念中增加了高龄者对社会活动的参与；第二，将入住特养的决定权移交给市区町村政府；第三，对全部市、町、村及都、道、府、县政府规定了制定老人福祉计划的义务。

可以认为，20 世纪 80 年代是从“国家即公共扶助，即以入住式社会福祉机构为中心的机构福祉型社会福祉”向“地方自治体即福祉服务，即以居家介护为中心的地区福祉型社会福祉”进行转换的时期。[③]

⑤自治体中的高龄者保健福祉计划的制定

1989 年，制定了“高龄者保健福祉推进 10 年计划”（“黄金计划”），根据这个计划，由与居民最直接的自治体（市、区、町、村）统一且有计划地提供养老机构福祉及居家福祉的体制得以完善。具体说，就是在国家财源有关对策未能得到特别强化的情况下，在市、区、町、村的就近区域中，实施特养整备计划，在居家福祉对策方面则由各自治体采取措施以对居家福祉的三大支柱（家务助工服务、日间服务、短期入住）进行完善。

关于服务供给体制的发展动向，公共服务无法满足服务需求，而另一方面自 20 世纪 80 年代后期开始，居民参与型活动团体和非官方性组织开始增加，出现了普通市民和市民团体以尊重人权和隐私为目标开展的将养老院及认知障碍症专业养老院等进行产业化的运动。另外，政府重新修改了 1989 年的“黄金计划”目标值，提出了新的介护服务基础设施整备目标，1994 年，制定了《新高龄者保健福祉推进 10 年战略（“新黄金计

---

① 根据 1985 年 1 月社会保障制度审议会的《关于老人福祉存在方式》的建议确定。

② 所谓社会福祉八法，包括《老人福祉法》、《身体残障者福祉法》、《智力障碍者福祉法》（当时为《精神薄弱者福祉法》）、《母子及寡妇福祉法》、《社会福祉事业法》、《老人保健法》、《社会福祉及医疗事业团法》。

③ 古川孝顺『社会福祉改革−そのスタンスと理論』，诚信书房，1995 年，P. 7。

划”)》。作为新的措施，试行了由民间企业运营的 24 小时巡回型居家介护服务，这个时代也在民间层面上为满足市民需求而开始了居家介护服务。

进入 20 世纪 90 年代后，随着高龄者介护的需求增加介护内容更加多样化，独居高龄者和空巢高龄夫妇家庭在持续增加，和孩子同居的高龄者比率已降到 50% 以下，个体家庭的介护出现破绽，因此人们对强化扩大社会性介护的认识不断地提高。1994 年（平成六年），日本进入了高龄社会①。

1994 年 12 月，厚生省的“高龄者介护、自立支援体制研究会”认为，“以往的高龄者介护大多容易停留在保持身体清洁、照顾饮食及入浴等‘看护’的层面。今后坐轮椅外出、能去购买喜欢的物品、和朋友会面、作为地区社会的一员参加各种活动等，能使老人享受自我生活的‘对实现自立生活进行积极地支援’应该被作为介护的基本理念”，并提出了通过社会保险方式进行公共介护保险的构想。基于介护问题的严重性，这种社会发展潮流也得到了“认知障碍症患者及家属会”“改善高龄社会女性会”等市民团体运动的支持，普遍呼吁“介护的社会化”。因此，在 1997 年（平成九年）12 月，政府制定了《介护保险法》(2000 年即平成十二年4 月实施)。

⑥地区综合介护的启动（2007 年）

2000 年 4 月开始实施了介护保险制度，进行了从以往“行政措施制度”到“契约、自由选择制”的转换，导入了介护服务供给主体的多样化、社会保险方式以及按受益负担制度。供给主体的多样化扩大了以往公共服务②的范畴，根据《介护保险法》，所有的介护保险指定服务经营者（除行政主导外，营利、非营利等多种民间团体等）都成为供给主体，即

① 此时，65 岁以上高龄者人口比率达到全部人口 14%的社会被称为高龄社会。

② 指国家及自治体等公共机构实施的、依据法律制度实施的福祉及介护服务。介护保险制度开始后，把介护保险等的社会保险以及税收（也包括《残障者自立援助法》）作为公共财政来源而被制度化的福祉，介护服务也开始被称为公共服务。

NPO法人等从事的介护业务根据是否以介护保险为财政来源分成官方和非官方，无论介护经营主体是营利还是非营利，都要求要横向竞争。因此，为提供介护利用者选择服务时的信息以及提供符合制度性质的介护、福祉服务的质量，开发了外部评价和第三者评价等手法，出现了对介护保险指定服务和福祉服务实施第三者评价的自治体。

根据2005年（平成十七年）度的介护保险制度的修改规定，从2006年4月起，为使利用者能够选择合乎自己需求的优良经营者，以《介护保险法》为依据实施服务的所有介护服务经营者都应具有公开介护服务内容和运营状况的义务。介护保险制度下的介护经营者有大型、中小型的营利企业、NPO法人以及社会福祉法人，另外想必也有很多在介护保险制度实施后开始从事介护服务的经营者。因此，有些经营者对其应承担的资料管理、人员配置、研修体制等修改内容有些不适应，但作为被选定的介护经营者提高质量的方法以及作为旨在服务质量标准化的方法，还是取得了一定的成果。总之，虽说是遵从竞争原理，但在从介护保险财源中支付介护报酬的这种体制下，要具有一定质量水准的担保也是国民的需要。

2006年（平成十八年）4月起，作为综合性实施基于《介护保险法》规定的地区居民保健、福祉、医疗提高、虐待防止、介护预防管理等的机构，各区、市、町、村设置了“地区综合支援中心”。另外，受到福冈的托老所“YORIAI”等采取的先进措施的启发，诞生了“由一个介护服务经营所实施日间、住宿、家访等的‘小规模多功能型居住介护’地区紧密型服务①”。

面向2011年（平成二十三年）的介护保险制度修改，从2008年度（平成二十年）起启动了“地区综合介护研究会”②，并于2010年（平成二十二年）总结出了《地区综合介护研究会报告书》。根据这个报告书，将“地区综合介护”定义为“在根据需求提供住宅的基础上，为确保生活上的安全、安心和健康，在日常生活场所（日常生活圈）中能够恰当地提供

---

① 地区紧密型服务中，有夜间应对型家访介护、认知障碍症应对型日间介护、小规模多功能型居住介护、认知障碍症应对型共同生活介护、地区紧密型特定养老院入住者生活介护、地区紧密型介护老人福祉机构入住者生活介护等。

② 基于2010年（平成二十年）度老人保健健康推进等项目。

不仅是医疗和介护，也包括福祉服务在内的各种生活援助服务的地区体制”。因此，从2012年（平成二十四年）4月起，针对能够进行医疗及介护服务的地区紧密型服务，创设了24小时对应的“定期巡回、随时应对型家访介护看护”以及“复合型服务”。

地区综合看护包含了介护保险指定服务，同时根据地区特性对“养老院介护”“居家介护”及“地区紧密型服务”进行组合。另外，也将“公共服务”和“非公共服务”适当地进行不断地组合，也被称为自助、共助和公助，探讨对家庭、亲属、市民志愿者、市民间相互关系、地区中相互关系和生活方式，以及今后该如何进行定位。

现在，各地区都采取了尊重人权的措施，比如在介护保险指定服务中加入自己独特的业务、市民打破行政的纵向分割、富山式日间服务①的地区共存介护及上下辈交流等。为实现真正的地区综合介护，现在需要市民层次对综合性介护质量进行评价。

以上通过划分年代并以第二次世界大战后的高龄者福祉政策为中心进行了概述。日本经过第二次世界大战后的混乱期，从解决经济贫困者对策出发，为应对随着高龄者人口增加以及随之而来的福祉需求的多样化，制定了《老人福祉法》。然后，从重视入住型养老机构福祉转换到了地区、居家福祉。最终，在“福祉相关八法”的修改、高龄者保健福祉计划的制订、《介护保险法》等这一发展过程中，介护福祉服务权限由国家转交到基层自治体，实施了大幅度改革。介护保险只是高龄者福祉的一部分，建设质量介护高的自治体将会成为今后主要的关注点。

接下来，我们将从介护质量的角度出发对实践现场的变化进行讨论。

3. 介护实践质量改善的发展路程

在时代变迁、制度不断发生变化的背景下，由于经济发展从高速增长

---

① 所谓富士式日间服务，就是不区分“高龄者入住高龄者养老机构”和“残障者入住残障者设施机构”，高龄者、儿童、婴儿及无论是否为残障者，各种类型的人共同利用的日间服务。1993年，富士县内开设了民营日间介护室“このゆびと一まれ”，作为高龄者、儿童及残障者共同利用的日间服务而闻名，“富士式日间服务”开始在全国扩展。

转为低速增长，政治也发生了变动。另一方面，被尊重人权思想所激励，来自国民及市民、介护实践现场的对质量改善的不懈努力，推动了社会的前进。这里将介绍部分介护实践现场为改善介护质量进行的实践活动，并加以考察。

①高龄者养老机构中的介护内容质量改良

高龄者机构从“收容设施”向“生活设施”转变的社会形势也作为国家政策在不断地高涨，20 世纪 70 年代中期起，介护内容开始出现变化。这里将从饮食、排泄及人权拥护的角度对发生的变化进行观察。

(1) 饮食…01 和光长滨园的三餐自助

位于岛根县出云市的养护养老院长滨和光园于 1975 年（昭和五十年）在全国首次实施了自助式三餐饮食。长滨和光园以“摆脱设施机构模式”为原则，为更加接近家庭氛围进行了思想转换。锦织义宣院长说道：“温故知新，‘从一碗饭’发展而来的三餐自助是一个大进步，是思想的转换。只有知旧习才能产生新事物这也是一种逆向思维”。① 养护养老院所追求的是家庭吃饭旧习中饭桌的延长，即一家人围坐一起自由且温暖地吃饭的状态。

长滨和光刚园开始实施三餐自助时，似乎园里的工作人员会担心，高龄者是否会出现偏食的情况。但是，周围人很自然地关切道“这个也好吃啊，尝尝吧”以及一些诸如此类的话语。边听其他人的忠告边自己选择自己吃什么，这正是体现了对主体尊重的行为。之后，在全国的高龄者养老机构中推广试行了从供餐制改变为可选择的自助餐，这不单是自助餐菜单的改变，还让旨在更加接近家庭的这种逆向思维得到了关注。

长滨和光园获取营业许可并在园内设置了一个区域，男女老少都能前来就餐的餐厅，至今仍然根据时代的需要，继续发展着饮食三餐自助。

---

① 参考锦织义宣『「寮母心得帳」今また蘇る』P. 4。www. roufukuren. jp/shiryou/ryoubo/ryoubo. pdf（2012. 6. 5）

(温故知新)

要倾听老人的回忆！要思考把人类文化的遗产传承到现代！否定历史就是否定自己。要懂得没有温故知新就没有未来！

在与老人的谈话中，为成为知识、感情和意志协调发展的人而提高自己！在人与人之间新的关联中找到自己的职责，追求养老院的真谛！

来自养护老人院长滨和光园 HP：运营方针《介护员工须知手册》

(2012 年 4 月 20 日)

…02 改善过早的晚餐时间

20 世纪 70 年代的医院和高龄者养老机构的晚餐时间多在 16～17 点，从 1977 年（昭和五十二年）起“过早的晚餐时间”问题开始被关注，并着手采取改善措施。在全国老人福祉设施协议会（以下称“老福协”）实施的全国养老院基本调查中，如表 2—1 所示，在 1977 年（昭和五十二年），有 10.6%的特养晚餐开始时间为下午 5 点至 5 点 29 分；而在 1982 年（昭和五十七年），这个比率为 41.0%，已得到了改善。

表 2—1　　1977 年和 1982 年的晚餐时间变化

年份	下午 4 点以前—4 点 29 分	下午 4 点 30 分—4 点 59 分	下午 5 点—5 点 29 分	下午 5 点 30 分—5 点 59 分	下午 6 点以后	不明	养老院数
1977	34.3	53.8	10.6	—	0.5	0.8	566（100.0%）
1982	2.9	49.0	41.0	4.3	0.9	1.9	1068（100.0%）

资料来源：作者根据全国老人福祉协会《第 1（1977 年）、2 次（1982 年）养老院基本调查》制作。

根据介护保险制度的实施，部委文件规定介护保险指定服务养老机构的晚餐时间为“在适时提供餐饮方面，餐饮时间要适当，晚餐时间为下午 6 点后比较理想，但最早也要在下午 5 点以后”，通过费用计算基本标准等规定了餐饮的适时提供。

另外，其他讨论中还有“根据利用者（入住者）个性适时进餐”的观点。总之，在居住形态变化及单间化不断进展的过程中，有必要对符合生活规律的适当时间进行研究，但我们认为应首先向社会上普遍的晚餐时间接近。

…03 吃睡分离

笔者作为志愿者开始来往于特养是在20世纪80年代初期，因电动护理床比较少，就把名叫backrest的靠背放在背后让高龄者能坐起上身，用送饭车把饭菜送到各居室，请老人们在居室里吃饭，这种情景经常可以看到。原因是正如同特养建设模式之一的十字之园[①]那样，从开始就设有食堂的养老院比较少。欧美对nursing home的印象强烈，认为对卧床高龄者的介护为主要作用，在这种情况下就比较难以出现吃睡分离的想法。

但从20世纪80年代中期开始，“区分睡觉场所和吃饭场所”的这种吃睡分离的想法开始普及，特养介护的方式发生了很大的变化。吃饭地点改为食堂就意味着老人在床上生活时间的减少，这也有助于老人移动及运动能力的维持和提示，老人在食堂与其他人的交流也增加了。离床措施提高了高龄者的QOL，同时也大大地改变了包括介护技术方法在内的介护质量的体现方式。

（2）排泄…01 纸尿裤的“定时更换”和“随时更换”

在特养相关人员之间，一直使用了“定时更换”和“随时更换”的说法。“定时”是指在固定时间更换纸尿裤，“随时”则是指纸尿裤湿了就马上更换。在1976年（昭和五十一年）老施协实施的全国调查中，定时更换比例占82%，次数为一天5次的为45%，4次的为29%。[②] 另外，在1980年（昭和五十五年），在厚生省的指导监察项目中也没有涉及纸尿裤更换

---

① 通过Diakonisse（女性自愿工）的募捐活动，1961年1月作为《生活保护法》下的保护机构设施，在滨松市三方原开设了高龄者安心生活场所的“十字之园养老院”（规定人数为30人）。被视为养老院建设的又一个模式，从建设开始就配备了食堂。小笠原裕次监制并企划：老人介护研究会，第9卷「介護サービスの先駆け」「高齢者福祉の歴史（全11巻）DVD」，（株）日本通信情报中心，1999年。

② 在1976年老施协实施的《老人ホームにおける老人処遇と職員の労働条件》实际调查中，使用了“适当介助”一词而非“随时更换”。全社协编辑，老人福祉设施协议会调查研究委员会编辑发行，1978年6月26日，P. 58。

状况的内容。[①] 1983 年（昭和五十八年）6 月，在别府市召开的养老机构职员全国研修会上，据说从很早起就在开始实施随时更换和“零褥疮目标”的大分县特养养老院任运莊的寮母，在分科会上询问随时更换情况时，吃惊地发现定时更换的养老机构竟然占绝大多数。

…02 摘除纸尿裤运动

另一方面，成为提高特养介护的质量、大幅改变对排泄介护意识的契机是“摘除纸尿裤运动”。1982 年（昭和五十七年）在大阪召开的“老施协 50 周年纪念・全国老人福祉设施机构大会”上，除以往的研究分会外，另设了“关于‘纸尿裤’的思考”分会。之后，分会上的讨论使“摘除纸尿裤运动”扩展到了全国范围。具体做法是，作为旨在排泄自理的对策，夜间充分利用接尿器和便携式坐便器、使用放心内裤等，根据每个人的情况组合产生了具体方法，定时更换变成随时更换，在推进个体化进程上产生了一定的效果。老人排泄最不愿意依赖他人，因而不伤害自尊而尽可能使老人自立的介护渐渐地被称为高质量的介护。

在居住环境上，规定人数为百人的养老院的厕所和盥洗室数量，也逐渐变为 4 人套间合用一处，随着单元化、单人间化又变为每个单间一处，可以认为这也是伴随着尊重隐私和居住环境变化而带来的介护质量的变化。

(3) 人权拥护

关于人权拥护，看一下“喜乐苑”[②] 的做法。

喜乐苑的人权拥护就是“对于无论如何严重的残障者，都必须努力将保障最普通的、理所当然的生活这一生活正常化理念进行具体化”。采取

---

① 厚生省自己实施的 1979 年度（昭和五十四年）监察中，在“入住者待遇不够好”这一项目中，完全没有涉及纸尿裤更换的内容。参照『老人ホームはいま』、MINERVA 书房、1985 年、P. 137 的注 1。

② 社会福祉法人尼崎老人福祉会“喜乐苑”，作为市内第一个特别养护养老院于 1983 年诞生于兵库县尼崎市。在第二任苑长市川礼子的『ああ、生きてる感じや! 一喜楽苑がめざすノーマライゼーション』（自治体研究社、1993 年）中，讲述了以“无论（老年人）到什么状态都要守护其尊严直至最后”为题的实践举措。此外，在 NHK 特别节目《今天也散步了吗》（1992 年 7 月）中，展示了认知障碍症患者自由地从特养出门上街，去居酒屋及咖啡店等的情况。在对认知障碍症患者具有强烈误解和偏见的时代，这是珍贵的影像。

的具体方法是：

·为保护人的尊严，开展使用谦逊语以及用请求方式说话的“改换语言运动”，视线要保持水平或自下而上，即使是4人套间，进退房间时要全部打招呼等。

·为保护隐私，更换纸尿裤时将床四周的挂帘360度完全围上；入浴方面，有一般入浴、介助入浴和夜间入浴①，尽量避免成为流水作业②，脱衣时也重视保护隐私，浴室内盖住局部，尽量使用老人的具有能力。

·为保障自由的生活，可以在养老机构内自由行动（饮酒、抽烟、外宿、外出、吃饭叫外卖、家属会面、家具、佛龛、电话、带进家电等，差不多能想到的都全部自由），保障市民自由和正常生活化（作为地区居民及一个市民参与地区活动、购物、外出、去居酒屋、访乡等），对于认知障碍症患者也力图实现生活正常化（盲目走动外出不做特别看待，要地区合作——守护、打招呼、联系）等。

我认为人权拥护（守护人权）是我们每天微小的尊严和行为的积累，是对生活正常化的追求，并存在于这些具体的实现过程中。具体地说就是，即使制度上规定特养建设的基本标准是“四人一室”，但人权拥护是力图保障尊重个体、保护隐私、可以带入佛龛及惯用物品、无论是否为认知障碍都能自由出入等的这种每天的介护实践。喜乐苑的做法正是这其中的一种实践。

权利保护中，难以表明自我权利的卧床高龄者、认知障碍症高龄者以及残障者也具有被保护的权利，并有对其需求表达进行支援和代言的含义。在介护实践中对权利保护的认识，感觉仍具有未成熟的一面。为了正确、确实地领会和代言利用者所处的地位和状况，就要对代言者的评估能力、沟通能力以及自我的人权意识进行追究。

---

① 为实现入住者要求而采取的夜间入浴，会迫使职员变更上班时间，通过职员三个月的讨论及试行，这一措施取得了成果。『もう「施設」はつくらない一特別養護老人ホームを地域のケア付き住宅に一』，喜乐苑编辑委员会编辑，石人社，2000年，P. 35。

② 随着单人间化、单元化及居住环境的变化，一个人入浴的单人浴逐渐增多。

②居家福祉·居家介护

随着 1963 年（昭和三十八年）《老人福祉法》的制定，诞生了作为居家福祉项目的老人家庭服务员派遣项目（家务助工）。早在 1956 年（昭和三十一年）长野县下属的 13 个市、町、村委托各市、町、村的社会福祉协议会实施了“家庭护理妇女派遣项目”，之后扩展到了全国各地。这里将介绍东京都的发展历程。

东京都开始家庭服务员派遣项目是在 1961 年（昭和三十六年）。东京都委托东京都社会福祉协议会进行实施，对象是“生活保护对象家庭中 65 岁以上的高龄者家庭”。当时只在 23 区内实施，家庭服务员的身份是每周上班四天的合同工。根据 1963 年（昭和三十八年）制定的《老人福祉法》而成为国家项目，因此就从东京都社会福祉协议会变成了东京都的直辖业务，但家庭服务员的身份依然是合同工。之后，正式职工转正运动得到推进，1968 年（昭和四十三年），在 23 区 4 个市诞生了作为正式职工（公务员）的家庭服务员。

当初的家庭服务员的职责是“每天认真地访问高龄者住宅，最初只是开了扇窗，接下来允许到玄关，就这样不停地反复，有时要和福利工作者一起访问才让我们进入家里，让高龄者敞开心扉，去提供必要的援助（服务）”①。

在 20 世纪 70 年代初，因为没有入浴等服务，“家庭服务员亲自和大众澡堂商量，在开始营业前带高龄者去洗澡，再带回来，或去女儿家泡澡”等，挖掘社会资源并在自己的权限范围内亲自去做联系工作。另外，当时的福祉工具还不够充分，就和利用者一起制作了对生活有用的工具等，实施了与生活密切相关的介护实践。

---

① （社团法人）东京都电影协会的『1000 万人の話題 No. 184　ホームヘルパー』（VHS）1966 年（昭和 41）中收录了当年的情形，可以从东京都政府大厅的信息资料处借览。另外，在森山治、森山千贺子、渡边润合写的《東京都のホームヘルパー－聞き取り・家庭奉仕員の成立過程－》（出自《月刊东京》）。东京都自治问题研究所的 2004 年 4 月刊至 2009 年 1 月刊（基本隔月）中概述了家庭服务员活动的状况（根据对家庭服务员的问答调查）（连载 23 次）。

另一方面，有些人在名叫“家务援助者”的家政妇女介绍所进行登记后，利用介护券制度担任家务助工的工作。[①] 东京都的家庭服务员等派遣项目的运营纲要中的“等”就是包含了家务援助者的说法。因此，家务援助者成为后面要提到的家庭服务员录用时的研修听讲对象（70 小时研修），以这个录用研修会为契机，成立了“东京家务援助活动人员联络会”[②]。会员中家务助工占 90%，另外 10% 为养老院职工以及其他关心居家福祉的人，联络会举行过了联谊会、信息交换、学习会等。

20 世纪 70 至 80 年代的家庭服务员活动。家庭服务员（家务助工）可以自己考虑在持有一定的权限下开展活动，超越所属单位和组织界限，在保持联系的同时对居家生活的需介护者进行生活上的援助并取得了共同成长。在服务供给主体多样化的今天，与其把服务提供负责人作为中心，我希望有更深层的相互联接和相互学习。

③教育及研修的措施

(1) 震动全国养老院的“福祉寮母讲座”[③]

对于在特养作为寮母工作的人员，当初并没有资格上的规定。但是人们也逐渐认识到了寮母的专业性教育和训练的必要性，于是在 1966 年（昭和四十一年）召开的全国福祉相关人员会议上，提出了“设立寮母培养机构”的主张。因此，于 1977 年（昭和五十二年）编写了研修课本，在推进研修制度体系化的进程中，开始了旨在寮母资格化的“福祉寮母讲座”。

这个讲座从 1979 年（昭和五十四年）开始实施，一直到社会福祉法及介护福祉法成立的 1987 年（昭和六十二年），共 9 年，听讲总人数达 2 012

---

① 自 1973 年（昭和四十八年）起，东京都设立了家务援助者雇用费补助制度，作为对老人家庭雇用家政人员进行费用补助的方法，进行了介护券的支付。因此，作为能够从事家务助工工作的专业团队，在家政妇女介绍所登记的人员受到了关注。而且自 1983 年（昭和五十八年）起，将家庭服务员、家务援助者及老人介护人作为统一业务在同一个大纲下进行操作，东京都家务助工派遣的公共制度对家务援助者进行了认可。

② 『東京のホームヘルパーたち』东京都家庭助工活动人员联络会，筒井书房，1992 年。

③ 『福祉寮母基礎講座 1～4』，全社协・老人福祉设施协议会，1980 年。

名。以主任级寮母为对象，分前期和后期开展了5天的集中讲座，听讲者之间交换各地的养老院信息，共享应面对的课题等，讲座对在全国层次的养老院的发展做出了贡献。①

(2) 家庭服务员等录用研修（70小时研修）

其曾是面向家庭服务员系统的研修，始于1982年（昭和五十七年）厚生省《关于家庭服务员录用时的研修》的通知。总研修时间为70小时，分12天实施。②

研修项目及时间长度是讲座30小时（包括家庭服务员制度理论、社会福祉一般知识、家政及烹饪一般知识、衣服及居家一般知识、医学及介护一般知识、人类认知）、实际技术10小时（家政及料理基础技术、衣服及居家基本技能、介护基本技术）、实习30小时（地点为各种福祉机构、家庭服务员派遣对象家庭）。

1987年（昭和六十二年），“家庭服务员讲座推进项目——360小时”研修作为正式研修项目开始运行，此后，从20世纪90年代起逐步阶段性地被家务助工培养研修的一级课程所接替。

(3) 家务助工的自主性研究

进入20世纪80年代，出现了多个由家务助工主办的自主性研究会。上述东京家务援助活动人员联络会也是其中之一。在全国范围内，还有全国家务助工研究会等，其中具有丰富经验和深层思考的专业助工设立了“家务助工技能研究会”，并出版了《居家介护的技能》③，不断提高了护工的专业性。另外，以1986年（昭和六十一年）的“公共扶助研究会·关东区域研

---

① 蛯江纪雄「第2章 特別養護老人ホームの現状と課題」，『明日の高齢者ケア5 日本の施設ケア』浅野仁、田中莊司，中央法规，1995年，P. 40。

② 『家庭奉仕員等採用時研修事業のあゆみ－昭和57年度から昭和62年度』社会福祉法人东京都社会福祉协议会，社会福祉法人东京都社会福祉协议会，1988年。

③ 『在宅介護のスキル－ホームヘルプの実践から』，家庭助工技能研究会发行，1990年。卷头推荐语由一番濑康子氏（当时是日本女子大学教授，全国家务援助研究会会长）撰写，编者为由川村佐和子氏（当时就职于“财团法人”东京都神经科学综合研究所社会医学部），发行人是井上千津子（当时为家务助工技能研究会会长）。

讨会·家务助工分科会”为契机，成立了“居家介护研究会”，公务员、社协助工、福祉公社、在家政妇女介绍所工作的家务助工都加入其中，开始了自主性的案例研究。研究会开始3年后，以报告案例研究为中心，出版了《家务助工是“居家福祉”的关键》一书，1991年又出版了续《家务助工是“居家福祉”的关键》①。对于包括上述家庭服务员录用研修在内的这些研究活动，一番濑康子氏、川村佐和子氏、木下安子氏等保健及福祉研究者以及专家们进行了理论性的整理，研究活动的意义作为共同成果得以共享和发展。

自主性研究在介护保险制度实施前后开始衰退并被重组（部分也被家务助工全国联络会及地区介护社会体系等接续），但通过研究活动，推进了居家福祉、家务援助实践的理论化和实质化，对介护质量的提高起到了应有的作用。今后，需要根据市民需求进行把以上的积累实现可视化的努力。

④对认知障碍症患者的介护——变迁、以人为本的介护

日本对认知障碍症患者的介护，经过了长期的对认知障碍症缺乏理解的时代，从20世纪90年代初期以后才开始走上理解的路程（参见表2—2）。以《老人福祉法》的成立为起点将这些变迁按10年分成一个阶段，可以做出以下整理。

20世纪60年代：以卧床老人为中心的没有认知障碍症介护的时代

20世纪70年代：以约束问题行为的形式进行介护的时代

20世纪80年代：从对行为感到困惑到开始摸索方法的时代

20世纪90年代：尊重人权的介护实践推进（开始）以及实证研究增加的时代

2000年以后：支援尊严和自立的认知障碍症介护得到推广的时代

---

① 『ホームヘルパーは“在宅福祉”の要』木下安子·居家看护研究会，萌文社，1989年。『続ホームヘルパーは“在宅福祉”の要』木下安子·居家看护研究会，萌文社，1991年。

表 2—2　　　　新的认知障碍症患者认知

以往的认知（介护提供者本人本位）	新的认知（认知障碍症患者本人本位）
①患了认知障碍症就没有了尊严	①通过适当的援助，即使患认知障碍症也能保持作为人的尊严
②渐渐失去个体性、主体性和希望	②直至最后都拥有个体性、主体性和希望
③失去了与周围（人、地区和社会）的关系	②直至最后都与周围（人、地区和社会）保持关系
④没有任何认知和感受	④有时会有超出想象的认知。感受敏感、五感及内心生活丰富。对压力有敏锐的反应。
⑤没有任何能力	⑤隐含着很多能力，只是不能够有效发挥，如有机会就能发挥。
⑥是做事奇怪和令人头疼的麻烦人	⑥本人有其自己的理由和意图，是在尽力生存的人
⑦其他周边症状都源于认知障碍	⑦其他周边症状有时是产生于心理、身体和社会性的原因，并很厌恶这些症状
⑧自立水平的下降及症状、身体状况的恶化是无能为力的	⑧通过适当的援助有可能预防、维持、改善、提高、放缓自立水平的下降及症状、身体状况的恶化

资料来源：《認知症の人のケア》永田久美子，出自《認知症の理解》长谷川和夫（健帛社、2008 年，P. 86）

20 世纪 90 年代促进对认知障碍症介护方式发生很大改变的事件之一，是自 20 世纪 80 年代起在北欧各国开展的认知障碍症高龄者专业养老院实践。20 世纪 80 年代末也被介绍到了日本，与认知障碍症介护的基本知识及沟通方式、伦理观等的同时，也报道了一些在家庭式的氛围中“慢慢地”“一起”“享受”普通生活可以推迟认知障碍症恶化的实践案例。进入 20 世纪 90 年代以后，专业养老院被认为是最有效的认知障碍症高龄者的介护场所，作为国家政策开始推进认知障碍症高龄者专业养老院的建设。

另外在研究领域，不只是至今为止的精神医学、看护、介护，也从心理学、建筑学、居住环境及各种治疗方式等方面进行了推进，开始进行了涉及多项领域的实证研究。在这个背景下，2000 年 12 月，由从事认知障碍症介护（护理）的专家和各领域的学术研究者共同设立了“认知障碍症介护学会”；2005 年 5 月，确定了认定资格，诞生了认知障碍症专业护工。

对认知障碍症患者的介护，随着伴有介护人员质量的新型思维的不断发展，非介护提供者本位、而是站在认知障碍症患者（本人）的角度实施援助的、以人为本介护的理念开始普及，对专业性开始有了更高的期待(见表 2—1)。总之，贴近认知障碍症患者的心理并努力加以理解的介护行为是“致力于个人尊严和自立援助以及维持个性的介护实践”，可以说，“介护”的语义逐渐发生了巨大的质的变化。

4. 期待介护范式的转换

通过介护实践采取的质量改良措施，从在床上等的介护，经过采取寝食分离、摘除纸尿裤等措施，发展到“移动介护”，从认知障碍症外出上街措施发展到“在地区中生活的介护”，逐渐扩大了日常生活范围。这些进展正是我们努力的结果，而且任何人都无法阻止这种进程。

最后，在思考面向 2050 年介护的范式转换的同时，从介护的质量和自由、高龄者的尊严及相互作用、自立（律）和自治这三点出发，就旨在介护质量提高的必要条件进行探讨。

①介护的质量和自由——从高信司氏事例进行的思考

先简单地介绍一下高信司先生（以下称“高先生”）。高先生[①]是因脑性麻痹后遗症而需要 24 小时介护的患者。因希望“和普通人一样在区域社会中自立地生活”，就接受着残障补助金和生活保护，居然一个人生活了

---

① 1950 年 12 月 1 日出生，1978 年左右开始自立生活，于 2004 年 8 月 27 日去世。1993 年申请审查，2003 年 7 月最高法院给出了胜诉判决。2003 年 4 月实施的援助费制度中，只认定了 6 小时的家庭援助。＜每日新闻＞，2003 年 7 月 14 日。

20 多年。但在自立生活中，因作为介护人员配置费用而支付的他人介护费设有上限规定，虽然需要 24 小时介护，但即使包含志愿者在内，一天也只能接受 11 小时的家务助工等的介护。因此，高先生一周只有一天能睡在床上，其他时间都是坐在轮椅上睡觉。

之后，高先生因母亲去世，开始领取母亲生前加入并已付清费用的“残障者抚养共济年金”2 万日元。但所属管辖的福祉事务所所长认定这个共济年金为“收入”，就从生活保护费中扣除了这个部分。高先生不服并进行了起诉，法院认为这个共济年金“是补充（介护费用的）不足，应该用于其自律生活的实现，具有生活保护费追加的性质”，认为不成为收入认定对象而支持了高先生的申诉。

这里要注意的是，法院认为，对共济年金进行收入认定会使高先生的自立生活变得更加困难，会阻碍高先生实现在区域社会中生活的这一愿望。就是说，从法律上尊重了高先生选择生活方式的自由。①

那么，高先生的事例与介护质量有着什么样的关系呢？高先生的情况是虽有生活上的不便，但一直选择了“在区域社会中生活”，即放弃了幸福和安乐的状态而选择行使了进行自立生活的自由。诺贝尔经济学获奖者经济学家阿玛蒂亚・森教授曾说过：“人们能够具有追求自身福祉之外的目标和价值，而且这是正常的。‘不能强制地把（人的）作为代理人②的一面’和‘福祉的一面’变为一致，把人限定在单一的次元之中。”③ 即人们具有用追求更加幸福和安乐等的福祉和介护成果无法衡量的日标和价值，对此，从介护质量的观点该如何评价，如何去重新把握，是我们要研究的课题。

高先生一边盼望着充实的福祉，一边选择了在区域社会中生活的自由。而且，正是因为具有能够选择的自由，对于该如何在区域社会中生活

---

① 关于与权利论及自由权等的关系，请参考『社会福祉の利用者と人権利用関係の多様化と権利保障』秋元美世，有斐阁，2010 年。

② 一般把“agency”译成代理权或代理行为等。在最近的行政民营化中作为代理人含义来使用。森教授所说的“（人的）代理人”的含义是“（人的）行为主体性”。

③ 『不平等の再検討　潜在能力と自由』阿玛蒂亚・森著，池本幸生、野上裕生、佐藤仁译，岩波书店，2010 年。P. 85。

下去，本人及周围的人才发挥了思考及创造能力，才使生活得以维持和继续。人始终有成长的可能，如果作为行为主体的人的自由得到了尊重，用介护力量就可以培育其（包括本人及周围人员的）能力。总之，自由权的获得是介护质量提高的必要条件，我们认为这是为提高介护质量所必备的条件之一。

②高龄者的尊严和相互作用——多种手段的创造

刚开始讲到介护行为已自公元前开始至今，但进行“高龄者介护”这一行为好像还为时较短。从历史上来看，正如婆舍山传说中出现的一样，存在着把高龄者扔进深山的习惯以及高龄者自绝生命的习俗。另外，社会学家涂尔干在《自杀论》中谈到“在今天，个人获得某种尊严，处于比起自身或比起社会更加优越的地位。……就是说，自杀是因为会伤害构成我们一切道德基础的人格尊重精神而遭到责难”①，我们认为对高龄者的介护行为是随着近代以后诞生的对人类一切的尊重及尊严的认识而出现的。

如前所述，“介护”这一用语从《1982 年陆军军人伤痍疾病恩给等差例》开始在社会福祉法制度上开始使用，但作为社会事业使用“高龄者介护”一词“实施高龄者介护”这一行为并得到认知的，是《老人福祉法》颁布以后的事情了。另外，从导入介护保险制度时期（1997 年制定，2000 年实施）开始正式倡导介护的社会化。在国际上，从接受了 1991 年联合国采用的“旨在为高龄者的联合国原则”（国际高龄者年 1999 年）②，开始讨论“高龄者的尊严、自立、自我实现、介护、参与”，而高龄者人群平等生活权利的获得可能是 21 世纪的课题。

OECD（经济合作与发展组织）的报告中预测，日本将在 2050 年进入高龄人口占 40% 为高龄者的时代。另外，WHO（世界卫生组织）的报告中预测，在 2050 年全世界认知障碍症患者将超过 1 亿人。在这种社会中，我

---

① 「自殺論」涂尔干著，宫岛乔译，『世界の名著 47デュルケーム・ジンメル』尾高邦雄责任编辑，中公文库，1968 年，P. 307、308。

② 关于国际高龄者年，请参照井上英夫的『高齢化への人類の挑戦一国連・高齢化国際行動計画 2002』、萌文社、2003 年。

们将该如何对待“高龄者的介护”？如果是获得享有人的尊严而平等生活的权利，介护一方和被介护一方的概念就会有不同的性质。回想来看，在至今为止的介护实践中，认知障碍症高龄者帮助孩子成长，孩子们的笑容使高龄者的表情变得温和等，经常会看到这些情景。总之，如果人们的行为可以作为相互作用的存在而能更好地相互发挥，或者作为人力资源的每个人能相互发挥能力而努力实现自我的“能持续保持个性的生活”，那么最终就会获得人的平等生活的权利。总之，要使高龄期变得更好，就有必要创造旨在对每个人所持有的能力发挥作用并进行联系的各种办法及多种手段，因此更加推进方法的具体化和理论化，是提高介护质量的必要条件。

③泰阜村的潜力[①]——自立（自律）和自治

长野县下伊郡泰阜村总人口为1 839人（2012年5月1日时），是高龄化近40%的山村。这个村政府从20年以前就接受村民“想在熟悉的村子里放心地居住生活”的愿望而大力发展居家福祉，介护保险实施后也未实行市、町、村合并，由村政府负担了超出介护保险指定服务的部分，因此作为“先进居家福祉之村”而闻名。但2006年4月以后，随着把高龄者及残障者从医院及养老机构转移到地区的医疗及福祉的这一结构改革，以及对高龄者福祉一部分的介护保险的依赖等，村政府对村民的“想在熟悉的村子中放心地居住生活”的愿望开始难以实现。

2009年1月，NHK的介护保险制度检验节目对泰阜村进行了报道。报道中，一位高龄者说道：“人只要在带屋檐的地方就能‘活着’，但不能‘生活’。‘在区域社会中生活’不是单个人能够实现的。”这正是谈到了追究介护质量和生活质量的内容。看到这些，泰阜村认为即使能够保障服务质量，“生活经历不同而服务内容一样是不可能满足大家的”，为了使剩余人生的最后时期更加充实，泰阜村把2011年以后定为“重审居家福祉时

① Potential：作为潜在能力和可能性的力。

期”并开始迎接新的挑战[①]。

这些工作的主要内容含有重新认识社会介护和家庭应有的方式、高龄者的尊严——该如何使人维持个性生活、地区福祉（在地区中相互帮助、以地区社会接纳老年）、高龄者的智慧和生活意义等。另外，30年来始终与造访村子的研究者保持联系，并以瑞典的高龄者协同组合为模式，于2008年成立了由高龄者组成的企业组合“高龄者协同企业组合——泰阜”，开始运营了超越介护保险范围的地区交流中心“悠悠”和高龄者共同住宅“悠悠长屋”。

瑞典的高龄者协同组合有37人（当时），成立于65岁以上老人为中心的Laxviken村子中，出于两位女性对孤独高龄者的同情中开始的。这个村子至距离最近的养老院有65公里，以这些高龄者们的问题为契机，村民开始思考村子的再生，并认识到是不是可以“村子里生、村子里长的居民终生在村中生活”。因此，由高龄者建设了协同组合式的住宅[②]。其特征如下：

①大家一起直接管理和运营自己建造的共同住宅，健康的高龄者发挥自己领域的特长，按照自己的习惯方式对建筑进行修理和定期检查，整理庭院中的草木，村中的需介护者可以和朋友一起共同生活。

②废除至今为止的特养有关禁止事项，比如，高龄者夫妇中有一方开始需要介护时，如申请即可同仍健康的另一方一起成为居民，可以继续婚姻生活。和配偶一起入住的优点是可以起到守护作用，入住者在配偶的陪伴下不会变得自闭，高龄者夫妇的相互精神支撑等。

③高龄者自己充满生机地生活，孩子们也会看着这种共同体生活而成

---

① 笔者从2002年左右开始数年间，因大学的研究室外宿活动访问了泰阜村，和学生一起搭乘家务助工的车并访问了居家高龄者家庭，学习了村子的居家福祉。本文是2012年6月再次访问时，对地区福祉科的负责人和高龄者协同企业组合的理事长进行了采访，以其他文献为基础笔者为负责人进行的总结。

② 瑞典的高龄者协同组合，在被称为“老年住宅的普通住宅”（老年住宅没有统一定义）中，主要是以55岁以上高龄者为对象的协同组合式住宅。“瑞典的协同组合式住宅是以购买居住权的方式，居住权具有资产价值可以进行买卖。入居者成为组合的会员选举干部会而进行组合的运营。”「スウェーデンの高齢者住宅とケア政策」奥村芳考，『海外社会保障研究 Autumn2008 No. 164』，P. 26～38。

长，这具有超越年代实现生活智慧的传承——教育的功能[①]。

另外，泰阜村的教育潜力是“家庭和地区共同培育孩子”[②]。也就是，“作为父母的我们应该做的是让孩子能在现代社会中生存下去。他们是未来所需要的力量。要教育他们自己能够决定自己的事情，自己的事情能够自己去做。然后去关心自己以外的所有事物——是自立（自律）的教育”。这种想法也在泰阜村的居家福祉和地区福祉的构想之中得到了贯彻。

所谓居民自治，我认为是根据居民意愿进行实施的，地区居民和自治体站在同一立场对地区的课题进行思考并创造更加完善的看护（介护）体系。也就是通过高龄者的相互介护，创造面向下一代的自立（律）和自治，这会成为2050年介护质量中的关键条件。

如何对待介护的质量取决于我们今后的行动。面向2050年，希望在全国各地区中大力实施能使下一代承继现今具有潜在力量的措施，同以往一样，为了明天的介护质量和人生的质量，“加紧步伐且踏实地”向前行进。

引用及参考文献

▼『明日の高齢者ケア5　日本の施設ケア』浅野仁、田中荘司编辑，中央法规，1995年。

▼『福祉事務管理技能検定テスト3　介護の基礎』医疗秘书教育全国协议会监修，健帛社，2011年。

▼『新版　高齢者福祉論』太田贞司编著，光生馆，2007年。

▼『介護福祉学』介护福祉学研究会监修，中央法规，2002年。

▼『東京のホームヘルパーたち』东京家务援助活动者联络会编，筒井书房，1992年。

▼『ホームヘルパーのための対人援助技術』鸟羽信行、森山千贺子编著，萌文社，2003年。

▼「家族介護神話：高齢者介護と家族機能」锅山祥子，『大学研究

① 关于瑞典的高龄者协同组合的特征和泰阜村的高龄者协同组合，请参照泰阜村地区交流中心“悠悠”的HP。

② http://www.yuyu-yasuoka.com/about/plan/index.html

年報：文学研究科』中央大学研究生院研究年报编辑委员会，1999年，P.139-148。

▼『つなぐ一高齢者の人権を守って四半世紀一』25周年纪念杂志编辑委员会，社会福祉法人喜乐苑，2008年。

▼「住み慣れた村で住み続けられることを願う高齢者のための暮らし方～高齢者協同企業組合　泰阜の取り組み～」本田玖美子，『住宅VOL58』2009年。

▼『新版「安心の村」は自律の村一平成の大合併と小規模村の未来』松岛贞治、鸭利男，自治体研究社，2004年。

第二章
在家庭、地区、社会中生存——来自介护者的视点

●渡边道代

1. 对介护家庭的新发现

根据2011年（平成二十三年）3月发表的《旨在Carer的援助——关于以家属（家庭）为中心的多种介护者的实态以及必要援助的调查研究项目报告》[①] 推测，5个家庭中就有1个家庭有介护者。

“在这里，介护者（carer）是指对于存在因身体或精神上的疾病及残

① 在北海道栗山町、东京都杉并区高元寺地区、新潟县南鱼沼町、静冈县静冈市葵区、京都府京都市山科区音羽川学区等5各地区，向21 641个家庭发了调查问卷，以回收的10 663人为对象进行了分析（平成二十二年年度老人保健事业推进费等扶助金老人保健健康增进事业 NPO法人介护者援助网络中心·Aladdin、一般社团法人日本介护者联盟）。

障，或高龄而具有各种问题的家属、亲戚、友人及邻居，无论是否同住，时常或随时地，并非作为职业（Careworker）而无偿地进行介护的人”。这里所说的介护中，“除了看护和身体介护、家务及身边照顾及其帮助之外，还包括金钱管理及定期照看等”，是对家庭介护的广泛认识。此外，“‘Carer’（介护者）是指‘介护’‘照顾病人’‘残障儿童医疗培育’‘照顾’‘关心心理及身体上有不适症状的家属’等，是对需要看护的家属及亲属、朋友、熟人进行无偿照顾的人”。比如，“对老年人及有残障人员的家庭进行照顾或介护，照顾或始终关心患有癌症、疑难病、精神疾病等病情的家属，担心远在外地的父母而经常打电话，关照自闭或不愿上学儿童的家庭，对住在附近的单身老人进行照顾或帮助购物，抚养着有残障的孩子，家里有存在酒类、药物及赌博等问题的家人”等，不局限于对高龄者的介护而是综合性地把握和提供介护服务。

如此广泛并综合地把握介护，可以想象被介护人和进行介护的人的数量之庞大。

特别是高龄化不断发展的今天，对家属、亲戚、友人及熟人等进行无偿的照看和介护本身，都是发生在身边的事，离我们并不遥远。可以说已经到了必须对什么是介护质量、什么是理想的介护以及什么是现在必要的介护等进行重新认识的时期。

2. 该从何种角度思考介护质量

介护在很多情况下开始于家属的照顾和介护。为了介护，身为介护者的家属会经历各种生活的变化。刚开始时不知该如何去做，容易为寻求信息而左顾右盼，经常会听到“不知该跟谁去说”“心情得不到理解”“无法获取信息”等意见。现介绍以下事例。

山本聪美氏（假名）的事例①……是对母亲（认知障碍症患者）进行

---

① 『介護疲れを軽くする方法　家族介護するすべての人へ』NPO 法人介护者援助网络中心·Aladdin 编著，河出书房新书，2012 年，P. 39～41。

介护的女儿，因介护而辞职，现在和母亲共同生活，持续着居家介护。

——对母亲的介护是如何开始的?

对年过80岁的母亲进行介护已近2年了。母亲已经高龄，虽然以前就慢慢地开始衰老，但能正常地过日常生活。有一天，母亲突然遇到事故，造成腰椎压迫骨折，在紧急住院期间一个月卧床不起，从那时起就开始了介护。

我因为是和母亲共同生活，所以母亲需要介护，我的生活也因此受到影响。那时，我还是正式职工，需要全职工作，当时非常辛苦。

我必须把只因住院一个月就无法走动并出现认知障碍症状的母亲接回家并进行照顾。每天准备好母亲的早餐和午餐，8点左右出门去公司工作，晚上回家后还要做饭……一直像这样重复。

至今为止，我身边没有有过介护经验的人，根本不知道可以预定盒饭这回事。每天往返于公司和家，也没有时间去咨询，所以不是能不能的问题，而是首先我认为只有自己去做所有的事情。因为是第一次，完全掌握不了进行介护的生活节奏，工作负担也重，精神上十分疲惫，每天的精力只够把眼前的事情做完。

但是进行了介护认定后，开始有意思地抽出时间和介护管理员交流。她告诉我“盒饭可以送到家”“助工会来帮忙”和“是否利用日间服务”等，于是就逐渐地开始利用介护服务。

——边工作边介护，有没有感到特别辛苦的事情?

从事工作，平常日子里就只有中午有时间。为了母亲的介护，即使利用各种介护服务，最初还是要办各种手续，但很难抽出时间去办手续。当然，介护保险提供的服务有比没有更强，但自写合同以及来，他们来办手续时我都必须在工作时请假，很让人为难。

在山本氏的事例中，我们知道在她母亲处于需介护状态而开始介护时，为了同时兼顾工作和介护并使介护生活进行顺利，她曾经很辛苦。这也是很多介护者有过的经历。实际上，在需要介护时，会因不知该怎样去应对而苦恼，全部生活和整个生活方式都会有很大的变化。因此，被介护的本人和进行介护的家属都会变得过度疲惫。

下面介绍山本氏的另外一个采访。

——和朋友们聊天的机会少了，是否能谈有关介护事宜的场所?①

在我上班的时候，和介护管理员曾相处得并不太融洽。我本来是想能变得轻松才请介护管理员来帮忙，结果反而被弄得焦躁不安……自己如果对介护一无所知，只有一切都听从介护管理员的。“我是这么想的，对此有什么方法吗?”因此，她想让对自己的想法有回应，就学习了各种知识。

但这样做了之后，因为要工作又要照顾母亲，精神上就十分疲惫。除了完成义务，其他事情都已经不愿意做了。即使有朋友邀请，因怕麻烦也不愿意出门，开始感觉自己要崩溃了。

但我觉得像我这样的人还应该有很多，于是就通过网络查询，或去地区综合支援中心咨询，知道了有各种介护者之会。一般是一个月开一次会，还都是平日里的白天。即使这样还是想着先去看看，于是就请假参加了附近的介护者之会。

不过，像高龄妻子照顾丈夫，或高龄者的儿媳照顾婆婆等这种事例很多，没有跟我同样边工作边照顾自己父母的人，所以没有共同语言。用一句话难以来表达，是因为处境不同，还是因为我和其他人的焦躁原因不同?

当然，也会有“原来这样。大家都很辛苦啊”“是这样啊”等让人产生共鸣的地方，有时也认为是来对了。但坦白地说，也有不值得请半天假来参会的心情。但是也认为去一次就定论还为时过早，于是就去了大概三次，还是感觉处境不同思考方式也不同，这种想法始终没有变化。

我想“应该有跟我同样的人，找找看”，在网路上又进行查询，就找到了与自己情况相同的介护女儿的集会。

——参加与自己处境一样的人们的集会，感觉如何?

第一次参加时，就觉得“这里有更多的处境相似的人，很好啊”……

参加这个介护者之会，已成为我解除压力的方法之一，介护者之会是

① 『介護疲れを軽くする方法　家族介護するすべての人へ』NPO法人介护者援助网络中心・Aladdin编著，河出书房新书，2012年，P. 48～51。

个珍贵的存在。在精神紧张、压力积累的生活中，需要一个能让人笑的场所。在集会上，能轻松地互相诉说“有过这种情况，难啊”等，能以笑容相对。在回去时，心情是放松的。

如果以“辛苦哦，我们这些人”这种感觉互相抱怨，我会马上变得心情沉重。当然，我知道有人是想让别人听自己的辛苦体验而参会的，每个人的想法都不一样。但是这样，回去时心情就更加沉重。哭是一小时、笑也是一小时，时间怎样使用由自己来决定。那么，我想选择笑一小时。现实虽然不会有什么变化，但在那个时段心情会有变化，会认为“在这样做的不只是自己”，变得狭窄的视野会感到有所放宽。这不仅是介护，带孩子和照顾病人等可能也是一样。

从山本氏的采访中可以看出，与介护管理员的关系相处不顺利，也会影响到介护的本身。还能看到，对介护者来说，介护者能够减轻压力的场所、介护者本身得到支援的场所都能使其心情变得轻松，能知道“不只是自己”，并促使视野变得开阔。

从山本氏的谈话中，我想重新对介护环境和介护质量进行思考。

①谁的介护质量

在日本，直到2000年，可以说在介护场所才逐渐出现了对介护者进行援助的话题。思考一下便知，虽然大部分的介护由家庭、家属承担，但对介护者进行支援却一直未得到关注，这本身可以说就是个大问题。

本来在围绕着介护保险进行的讨论中，对于与日本看护（介护）的“社会化”有关的历史文脉，市野川[①]先生指出存在着“有关介护的复合规范”，认为这个规范由两个命令式复合体构成，一个是介护应该由家属进行实施的命令，另一个是介护原本应是收取酬金进行实施的命令，并认为这个命令不是二律背反关系，反而是相互补充的关系；认为家属进行的介

① 市野川容孝「介助するとはどういうことか一脱・家族化と有償化の中で」，『ケア　その思想と実践 1　ケアという思想』上野千鶴子、大熊由纪子、大泽真理、神野直彦、副田义也编，岩波书店，2008 年，P. 135～150。

护不需要收取酬金，反过来如果收取酬金，就必须是对家属以外的人实施的介护行为。有关介护的复合规范，一方面是推进“弃家庭化”这一含义上的“社会化”，另一方面是对家属介护不进行经济性及社会性的评价，以此使二个领域并存。但这两个领域的平衡关系再次开始发生变化。特别是在 2005 年的《介护保险法》修改时，以控制介护支付费用中的国库负担为目的，实施了介护预防的充实和介护支付费用的“适度化”。具体就是降低了介护服务报酬并强化了介护机构的基本标准和运营管理，贯彻家访介护（家务支援服务）中的家属同住原则等，通过再次强化家庭的介护责任，呈现出了制度服务只是对家属的后方援助等的缩减责任范围、推进“再家庭化”的态势。[①]

在这种状况下对介护质量进行追究，就有对谁的及什么样的看护（介护）质量进行追究，是只思考介护工作人员等介护服务从业者的介护质量，还是也包含家庭及地区（非官方团体和服务）在内进行研究讨论等的一些课题。因为追求介护质量，当然就必须拿出提高质量的方法和对策。

②家庭介护和服务之间的关系

由家属进行的介护在性质上具有被称为“情绪纽带”“感情劳动”和“爱情劳动”的一面。在包括北欧在内的欧洲各国、加拿大及美国等北美国家以及澳大利亚等国，也对家庭介护进行援助，介护者援助得到了研究讨论。如此可以认为，即使具有多样性，家属介护也会以某种形式而持续存在。

但是，什么程度才是由家属介护，“介护的社会化”原本具有哪些含义等，今后仍需要进行持续的讨论。把介护轻易地推向家属，这种回归家庭并不能实际地解决问题。如前所述，就要求把家属的介护放入“介护质量”的范围进行讨论和展开。

齐藤先生[②]从介护的伦理和介护女性主义的讨论出发，谈及了人只有

---

① 藤崎宏子「訪問看護の利用抑制にみる介護の『再家族化』」，『社会福祉研究』103，2008 年，P2～11。

② 齐藤真绪「介護者支援の論理とダイナミズムーケアとジェンダーの新たな射程ー」，『立命館産業社会論集』45（1），2010 年，P. 155～171。

在人和人之间的关系性的网络中才能存在的这一“无法回避的依赖关系(inevitable dependencies)”，自由女性主义认为“依赖”是应被克服的状态，与此相比，齐藤先生认为介护女性主义是把来自于人类生命的有限性、易伤性、偶发性的“依赖”定位于人类存在状态的始点，把人类不是作为个人来看待，而是重视相关性和相互依存、过程依存性（process)，这是介护女性主义的思想特征。

另外也谈到，介护女性主义中具有把介护劳动命名为“爱情劳动（Labour of Love)”、是私人领域的无偿劳动，并主要由女性来担任的这种历史性认识，把介护作为基于爱情的无偿劳动本身就是政治的产物，暴露了(公—私）这一界限自身的政治性。然后，介绍了从层次化的观点对介护关系进行重新定位的 Lynch① 的三种形态分类，把决定亲密关系性质的介护（爱情劳动）放在核心位置，通过与其他介护关系的对比，阐述了其特征（见图 2—1)。

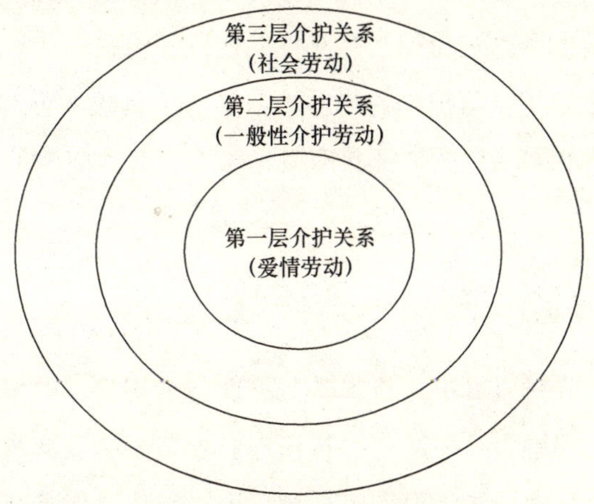

图 2—1　介护关系的同心圆

资料来源：齐藤真绪「介護者支援の論理とダイナミズム－ケアとジェンダーの新たな射程－」,『立命館産業社会論集』45（1)，2010 年，P158 引用

Lynch 认为，父母与孩子、夫妇等的关系相当于第一层介护关系，与

① Lynch，Kathlee，「Love labour as a distinct and non-commodifiable form of care labour」『The sociological Review，55（3）』2007，P. 550～570.

其他介护关系相比，在责任、时间及其他方面的期待最高，在这层介护关系中，不仅是身体上的介护，也包括了操心及关怀等精神层面的范围广泛的活动。与其他两个层次的介护关系可以商品化相比，第一层介护关系的最大特征是具有难以代替的“不可转让性（inalienability）[①]”。

第二层介护关系，是亲属、朋友及邻居等关系较近的第三者实施的介护，与其他介护关系相比，被定位为临时的、可变动的介护。第三层介护关系，是能根据社会及政治变动而发生变化的关系，认为是对第一层和第二层介护关系的补充。从第一层介护关系越往第二层、第三层介护关系等外围移动，介护关系就越具有基于第三者的非人为自发行为关系的特性。

齐藤先生论述道，这些并不意味着具有具体及个体特质的人为自发介护的发展性消失，介护不仅与合理性、效率性及迅速性等经济合理性难以融合，还显示它建立在基于当面性及人们自发性相互行为的基础之上，第一层介护关系和第二、三层介护关系不可能成为取舍关系，而是有必要作为一个统一持续的范围进行相互补充性的定位和构思。

总之，思考介护（看护）的特质可以认为，其根本性和在本质性上难以与经济合理性相融合，同时还具有其他难以代替的内容。

3. 介护者的权利

如前所述，介护（看护）在本质上不仅与合理性、效率性、迅速性等经济合理性难以相融合，还建立在基于当面性及人们自发性相互行为的基础之上，现实上根本无法考虑家庭介护（看护）以及家庭作用的消失。近年，在日本开始有了要求制定旨在向介护者提供法律援助的动向。

①英国的介护者援助

在介护者支援比较发达的英国，以介护者为对象的法律开始于 1986 年

① Lynch，Kathlee，「Affective Equality：Who cares?」『Development，52（3）』2009，P. 410～415.

制定的针对残障者介护者的法律。法律规定在对需介护者进行评估时，必须考虑介护者介护的持续可能性。进入 20 世纪 90 年代后，在有关社区介护的一系列法律中，第一次制定了承认介护者作用的《关于介护者认可和服务的 1995 年法律》(The Cares Recognition and Services Act 1995)。

这个法律针对的“介护者”是指定期地进行相当程度介护的所有人(职业介护者和志愿介护者除外)，介护的概念是包括育儿、养护、介护等在内的广义概念。这个法律的特征可以说是认可了介护者对介护能力和介护持续能力的相关评估请求权。法律规定，自治体具有回应介护者的请求并实施评估的义务。但这个法律也存在缺陷：对介护者的评估必须由介护者提出申请才能实施，而且对介护者进行评估的前提是需介护者必须接受过评估；另外，没有对介护者提供具体福利支援的规定，没有制定自治体要根据评估的结果提供服务的义务；评估中只限于对包括继续介护意愿在内的介护能力进行判断。

之后，作为议员立法提出了《针对介护者和残障儿童的 2000 年法》(The Cares and Disabled Children Act 2000)。法律中涵盖了在 1999 年发表的《介护者全国战略》(Caring about carer：A National Strategy for Cares)等中提出的政策。该法律对于介护者规定了：接受地方自治体评估的权利，根据该评估享受必要服务的权利，代替必要的服务提供而直接支付费用（现金支付)，引入可用于休假等的抵用券制度等。

《针对介护者和残障儿童的 2000 年法》的意义有以下几点：1995 年的法律中，介护者接受评估的权利只限于已对需介护者进行过评估且只跟该需介护者有关，而在本法律中重新规定了介护者独自的评估权利；而且 1995 年法中对有关旨在介护者的服务没有任何规定，本法中对地方自治体赋予了根据评估结果直接向介护者提供一定服务的权限；对地方自治体赋予了为提供符合介护者评估需求服务而实行直接付费的权限，由此扩大了介护者选择所需服务的范围；根据规定的抵用卷制度，介护者更容易取得短期休假，休假时期和方法也有了更多的选择。

其后，又制定了《关于介护者机会均等的 2004 年法》(The Cares Equal Opportunities Act 2004)。根据此法，作为自治体责任，规定了向介护者告知评估请求权的义务。评估内容也不限于介护能力，而扩展到了对工作、教育以及参与休闲活动意愿的确认。这个法律不仅对介护者的持续介护进行支援，可以说也包含了维护介护者自身基本权利的观点。不是单纯地把介护者看成是实施介护的人，而是作为拥有工作和学习等需求、在社会中生存的人进行认知等，宣告了介护者形象本身的转换。2008 年，再次发表了《介护者援助的新战略》(Cares at Heart of 21st Century Families and Communities; a Caring Sstem You Side a Life of Your Own)，规定了介护者的社会包容、防止陷入社会性排外及能够正常生活的支援目的。

②日本的介护者援助

日本没有对介护者进行援助的法律依据。但 NPO、家属会以及介护者援助团体等发布了《介护者援助法草案》以及《介护者宪章》等。如认知障碍症及家属之会爱知县分部就独自制定并公布了《介护者宪章》。

这里介绍的《介护者宪章》是由从事介护的当事人发布的重要宪章，简明地阐述了什么是介护者的权利。由此可见介护者所处的状况和因介护而发生的变化。

● 认知障碍症及家属之会爱知县分部《介护者宪章》

这个宪章从认知障碍症及家属之会这一当事人的立场出发，以展示介护者援助的方向性、扩展承担介护家属的视野、重新认识自己的行为价值并能够意识到“自己也可以请求援助”为目的而制定。

1. 介护者是个体的人，是与需支援者不同的存在

介护者在成为介护者的同时也是个体的人，重要的是要意识到即使从事介护也有其个人选择人生和生活的权利。

2. 介护者可以决定自己的介护方式

根据至今为止的家庭历史、与需介护者之间的关系程度以及自身的生活方式，对于该如何承担作为介护者的责任，可以由介护者自己决定。

3. 区域社会中介护者的健康和幸福要得到保护

区域社会是居民自然地相互援助的场所。

为使介护者不被社会孤立而需要人们给予一定的关照。

4. 介护者的经验和知识是区域社会的财富

介护者具有介护方面的丰富知识，各种介护经验的积累会成为区域社会的财富，继续支撑着其他介护者。

5. 从事介护的孩子和青年，可以享受自己的生活乐趣并追求自己发展的可能性

也要关注与介护有关联的孩子和青年，为使他们不失去自己的未来可能性、能够享受他们孩童/青年时期的生活而进行必要援助。

6. 对介护者应该实施适当的必要援助

为使不因居住场所和自治体财政状况、介护者的贫困和知识缺乏等原因产生差别，对于所有介护者必须及时、确切、充分地实施援助。

③介护者的需求

由欧洲 23 个国家的 54 个介护团体及研究机构组成的 Eurocares（2004 年成立）把介护者的有关需求整理为 10 个项目，并在此基础上将这些作为值得实现的目标列出了下列项目，三富先生[①]对此做了介绍。

● 有关介护者需求的 10 个项目

①作用的认定……在正式认定介护者在社区介护中发挥核心作用的基础上，这个认定必须在所有对介护者产生影响的政策中得到反映。

②社会性包容……介护者享受社会生活的权利得到保障。

③平等待遇……在所有生活场所，介护者必须被平等对待。

④选择……人们对于介护者程度及介护负担程度有选择的自由，需要介护的人们具有选择介护者的权利。

⑤信息……介护者，必须能够容易得到或接受到基于他或她的生活状态所需的信息、建议以及培训。

---

① 三富纪敬「介護の社会化論と介護の歴史認識再考」、『立命館経済学〈59・(6)〉』，2011 年，P. 986～996。

⑥支援……介护者，不仅需要与作为介护者发挥作用相关的经济性援助，还需要实际的或精神上的援助。

⑦离开介护……介护者，必须具有从介护中抽离的机会。对介护者和需介护者双方准备恰当充分的临时看护，必须按照介护者的需求进行安排。

⑧介护和工作的兼顾……介护者，必须能够兼顾介护和工作。

⑨健康的增进和保护……必须认可介护者自身的健康管理的需求。

⑩经济上的安定……对于介护者，为避免因日常生活援助而带来的贫困化，取代工资收入等的补贴、劳灾补偿及老龄退休金等的社会保障支付必须得到保障。

为了使以介护者为对象的服务和制度能够从这 10 个项目中浮现出来，意图把以需介护者为对象的服务定位在相对独立的位置之上。

如上所述可以认识到，所谓介护实施，不只是接受介护的人，负责介护的家属也有必要在身心状况、经济状况、工作和介护的兼顾、社会生活等方面受到保障和援助。

4. 来自介护者支援的实践

关于介护者援助的实际状况，这里想通过具体的实践事例进行介绍。

介护者援助的代表性团体——介护者援助网络中心 ARAJIN（以下简称 ARAJIN）事务所位于东京都新宿区，以介护者援助为中心开展活动。ARAJIN 于 2001 年成立，已有约 10 年的时间。(2003 年成立法人)

以介护者援助为中心开展活动的 NPO 至今依然不多，从 ARAJIN 开展的介护者援助活动中，可以看出其活动开展的理念。

①由市民参与的活动

ARAJIN 的理事长牧野史子女士并不是如看护或介护员工一样的专业援助人员，而是长期作为市民活动领袖积极开展活动，始终从一个市民的立场推进对介护者的支援。

牧野女士就 ARAJIN 的成立和活动做了以下阐述[①]：

创立以“介护者的介护”为目的的市民团体 ARAJIN，今年将迎来 10 周年。

在阪神大地震之后的关西遇到了介护家属，这是原本想立志进行“介护者援助”的契机。那时，注意到了女性们即使一个人生活艰难仍全心全意地承担起介护责任的无言心声。这种状况正是地区中的“孤独”问题，直觉上感到在精神上与母子关系过密的问题相似。如果是这样，如同对育儿中的女性进行关照一样，由市民创办“对介护者进行直接关照”的想法是 ARAJIN 活动的基础。

但是在介护者之前，首先是一个个体的人这种“理所当然的愿望”大多都隐藏得很深，很多需求不会轻易地表象化，这是对介护者支援的难点，至今为止我们始终边摸索边不断地进行项目实践。换句话说，怎样做才能尽量地减少地区中“介护者的孤独”，以及怎样才能实现社会参与，可以说这 10 年也是始终与这个命题进行博弈的 10 年。

从牧野的发言中可以看出，对介护者的支援虽然是介护中“现实存在的课题”，但始终未得到政策上的关注，此外也未被作为支援的课题，而实际上它始终是一个潜在的严重问题。

对 ARAJIN 的活动进行概述，即首先开展的活动是开设“心理治疗之友（介护者支援人才）讲座”（现称为“介护者支援培训讲座”）。据说当时招募听讲者时有 100 名申请，其中 54 名参加了讲座。以后几乎每年都进行介护者支援人才的培训。这些听讲者中也有护士、专业介护及福祉人员，但更多的是想体验介护或关心介护的人。这样为扩展活动范围，创造能够让市民有兴趣参与的机会或契机就成为了重要事项。

---

① 『介護者支援実践ガイド介護者の会立ち上げ・運営』NPO 法人介护者援助网络中心 ARAJIN 编著，筒井书房，2012 年（出版预定）。

● **ARAJIN的业务内容（概要）**[①]

● **家属介护者支援业务**（贴近介护者进行倾听并提供信息）

·旨在支持介护者的电话咨询“心灵绿洲”（每周四10：30～15：00）

·旨在支持介护者的家访咨询“照护之友派遣”（随时）

● **地区支援业务**（创建及支援地区中的介护者及高龄者集会场所）

·“介护者之会”的创建、运营支援（行政委托业务）

·“介护者沙龙”的召开（杉并区、新宿区）

·“高龄者集会场所”的创建、运营援助（行政委托业务）

● **人才培养业务**（培养贴近介护者的人才）

·介护者支援人员的培训讲座

·介护者支援人员的跟踪讲座

● **网络业务**（召开介护者之会负责人的信息交流会）

·召开介护者之会网络会议（每月）

·“介护文化节”（每年1次）

● **调查业务**

“介护者问卷调查”“介护保险修改家庭调查”等

● **实施研修及演讲会**（向社会启发介护者问题）

召开“介护者研讨会”等

● **其他业务**

·杉并区“悠悠馆”（旧敬老馆）的运营以及合作业务的实施（委托业务）

·以介护者咖啡店为基地的地区创建业务（杉并区）

另外，从2005年开始，每年一次召开“介护文化节”，介护者自身成为主体，从市民的角度提供各种信息。

---

① 『介護者支援実践ガイド介護者の会立ち上げ・運営』NPO法人介护者援助网络中心阿拉丁编著，筒井书房，2012年（出版预定）。

●"市民主创！介护文化节"——传递市民视角的介护文化信息

"市民主创！介护文化节"介护家属立志从市民的角度"传递介护信息""改变介护文化"，始于2005年，每年召开一次。举办主体是"介护者之会社会网络"。在介护文化节上，介护家属之会、介护支援NPO法人、与介护及福祉相关的团体及企业和学校参加并参与企划。活动中，不仅能够提供与介护相关的各种信息和咨询，参加人员也能在活动中交流和交换意见，这是一个大型的杂谈场所，正是作为形成介护文化的场所而不断地发展。

●"市民主创！介护文化节"概要（各楼层的主题）

第7届介护文化节（2011年10月23日（周日）），上智大学举办（参加人数约700人）

1. 介护的Hatena博物馆/"介护者"的广场
2. "由我们连接的地区"的广场
3. "安心"的广场
4. "研讨会、学习"
5. 市民视角的住宅、生活展示馆
6. 体育馆一楼特别主题馆"灾害和介护"

②当事人自身的活动、介护者之间的援助

从很早起各地创建了介护者之会，对介护者进行了援助。

特别是保健所保健师等专业人员作为关键人物，在很多地区实施了援助。另外，与以往相比，高龄者领域的家属之会增加了很多，比如全国范围的"认知障碍症患者及家属之会"入会人数多、规模大。但有意识地为介护者而非被介护者开展活动并得到发展，可以说出现在2000年以后。

今天不仅是被介护者，实施介护者也具有独自需求并因此需要支援，这一认识在逐渐地成为社会共识。

在认知障碍症患者和家属之会爱知县分部（以下简称"爱知县分

部”），为对介护者进行援助采取了多项活动。根据介护状况实施援助，注重介护家属的多种需求，建立了两个轴心并对援助主要内容提出了建议（见图2—2）①。图2—2纵轴是“介护者是否能够外出”（以下简称“出门难易度”），横轴是“对承担介护责任的理解度”（以下简称“理解度”）。

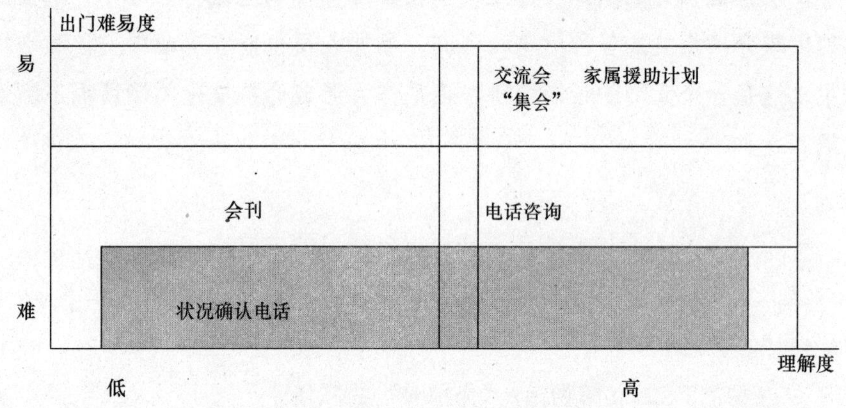

图2—2　援助内容建议图

如果无法离开被介护者外出，那么介护者也就无法参与会议及讨论会等。但介护中，由于没有其他人能够代替介护、因被介护者会盲目行走而需要监护等，介护者很多时候难以出门。在思考向介护者实施动员时，介护者的“出门难易度”就成为考虑适当支援时的重要判断事项。而且在进行介护时，是否理解了自己承担的介护责任也是向介护者进行动员时要考虑的重要事项。如果理解度低，无论周围的人如何动员介护，对介护者来说这只是负担。反而对于理解度高且具有学习合适介护方法的欲望、想知道今后该如何去做的介护者的人，通过快速地提供必要的信息，可以得到更进一步的提高。爱知县分部根据这两个轴（出门难易度、理解度）对介护者进行了分类，为能够提供符合接受者具体状况更加贴切的支援，研究推进的方法。

爱知县分部通过对介护者的状况进行判断，作为家属会的支援，会员

---

① 由公益社团法人认知障碍症患者及家属之会爱知县分部编辑，中央法规，2012年，P. 76、77。

相互间提供着交流“集会”、电话咨询、状况确认电话（家属会工作人员打给会员家庭的电话服务，电话室外调查）、家属支援计划（家属能学习有关介护的知识，参加信息交换的讲座）等特有的服务。

可以认为这种服务提供的事例超越了介护者自身的单纯支援的框架，作为实际性的服务显示了介护者之间的援助正在不断地、更加立体性地发展。

● **爱知县分部展示的分类**

类别 A……理解度：高/出门难易度：易

→对介护的理解度高而且也能够外出的人（家属支援计划等）

类别 B……理解度：中～高/出门难易度：不很困难～易

→对介护有一定的理解，外出不太困难的人（家属支援计划以及参加“集会”等）

类别 C……理解度：低～高/出门难易度：有困难～难

→外出有困难的人（电话咨询、电话室外调查“状况确认电话”、会刊等）

③在地区内进行支援

被介护者和介护者生活在同一地区，被介护者和介护者都希望尽量能持续地区内的生活，这是思考介护质量时的根本性问题。

各种原因使居家生活无法持续下去，无法外出、身体已无法支撑、无法兼顾工作、经济困难、已介护疲惫等，我想这都是实情。实施介护意味着往往容易孤立，其状况易使人变得孤独。介护者援助团体及家属会、地区机构和介护服务所采取了面向地区的措施，开展着各种活动。以下我想介绍部分活动。

● **杉并区介护者应援团（东京都杉并区）**[①]

这个事例以将介护者援助进行社会网络化为目的，杉并区和 ARAJIN

---

① 引用于『介護疲れを軽くする方法　家族介護するすべての人へ』NPO 法人介护者援助网络中心阿拉丁编著，河出新房新书，2012 年，P. 164～166。

自开始就有参与。在杉并区内设立了介护者能够进行信息交换和交流的 9 个场所（介护者之会）。同时，开设了对介护者之会和介护者进行支援和管理的支援者培训讲座。接受过培训的支援人员团队成长发展为“杉并区介护者应援团”，现在约有 15 个团体结成社会网络并开展活动。

在新成立的介护者之会中，支援人员会作为志愿人员加入并开展活动，包括已有介护者之会在内的全体联席会也会每年召开 1～2 次。另外，根据介护者的需求开始了微型日间服务等，援助的方式也在不断地扩展。支援者负责人相聚一起召开旨在促进广告活动的分科会以及主办活动等，活动也很活跃。在杉并区还开设了地区大学这一团块世代的“地区首秀讲座”，其中一个是“介护者应援志愿者讲座”，介护者应援团实施委托经营。每年召开的讲座为确保能作为支援者活动的人才起到了很大作用。如果只有志愿者，人数总会自然地减少，但每年都有新的接受过培训的支援人员，这样就能确保新加入的人才。

杉并区还独自制作了地图，能一目了然地知道“介护应援团”社会网络、地区综合支援中心的位置，并放在区政府办公窗口，居民可以随意拿取。看地图就能了解有什么样的介护应援团在自己居住的附近，然后自己选择想去的介护者之会，非常方便。

除此之外，还开始了以认知障碍症高龄老人家属为对象的项目，开展了认知障碍症看护有偿志愿者业务。

●“祖师谷商店街安心生活地图”（世田谷区）

作为对认知障碍症患者和家属进行援助的措施，推进了“地区资源图示制作”。特别是对购物的援助，“认知障碍症购物保障体系”受到了关注。除被介护者和介护者本人之外，还开展了包括行政、介护相关机构及事务所、商店街、居委会、民生委员等地区中各类人在内的各种活动。

……什么是地区资源图示

地区资源图示是为了认知障碍症患者和家属的方便而刊登了各种地区

资源信息的集刊。不只限于行政部门，介护服务所及民间团体等都可以成为地区资源图示制作的主体。为提高地区建设的效果，根据不同的发送对象和利用方法等，需要该地区资源图示的企划。在进行企划的地区中，通过对刊载信息、构成、形态等的筛选加工，发挥各自的特点，使地区资源图示得到积极广泛的使用。

地区资源图示在制作、发送、使用的各个阶段都有利于创建地区居民相互了解的关系。期望这种地区社会网络在对认知障碍症患者和家属的其他援助措施中也能发挥作用。

位于东京都世田谷区的世田谷区特定非营利活动法人谈心之家、认知障碍症专业养老院谈心，在商店街的协助下对商店进行了挨家拜访，说明"安心生活地图"以及"亲切标识"的目的，以及请求协助地图发放和标志粘贴。并以这种关系为开端，对协助店铺举办了"认知障碍症援助者培训讲座"，加深了他们对认知障碍症的理解。通过采取这些措施，商店街中的相互关怀问候变得活跃，其他商店纷纷表示"我们也想在店里粘贴标志"①。

·"祖师谷商店街安心生活地图"是商店街专用的地图，想办法把认知障碍症患者和家属可以放心利用的商店根据类别用不同的标志进行标注，简单明了。向商店街的合作商店一起发送了地图和"亲切标志"的贴纸，并动员他们在商店中粘贴。

·在商店街中，对认知障碍症患者和家属亲切的守护、自然地伸手帮助等，"亲切标志"的图标标注了认知障碍症患者和家属能够放心利用的商店一览。

·也刊载了认知障碍症患者在商店发生问题时的联系方式（地区综合援助中心）、家属咨询会、认知障碍症支援者培训讲座的介绍等。

·除了民生委员、地区综合援助中心等的支援者进行发放，商店街也进行了发放。

---

① 『認知症の人と家族を支える地域づくりの手引書』东京都福祉保健局高龄社会対策部住宅支援课编辑、发行，2010年，P. 43、44。

·在制作前，对认知障碍症患者和家属、地区综合援助中心等实施了问卷调查，这成为动员商店街理事会协助的契机。

为了使认知障碍症患者在住惯的区域中生活，我们对专业人员的作用进行了思考。在思考了怎样才能得到普通人的协助时，特别是对于普通人，因为他们不是专业人员，是不是应该从“任何人都马上能做的事”开始考虑？因此，专业人员就需要提供使普通人了解有关认知障碍症知识的机会（比如支援者讲座），以及为了不发生因人的身体状况而无法进入商店内的情况（不只是本人，因为也有一起购物的家属可能会给他人带来麻烦的可能），就需要向顾客指出每个人都能放心轻松地享受购物的商店。

但对商店来说，发生任何不愉快都会感到麻烦，所以就考虑建立届时通过联系一些部门可以进行解决的体系，使商店能够放心地接受任何顾客。而且为建立这种体系，我们需要事先了解各种信息，可以说这最终形成了“亲切标志”和“安心生活地图”中的具体内容。现在（平成二十一年），有94家店铺理解了我们的宗旨并进行了合作，在商店中发放了该地图。今后，还想在志愿者的协助下开展贴纸发送活动，增加贴纸粘贴商店，并更新生活地图。但是我们的目的并不是粘贴标志贴纸，而是以理解这个宗旨及打造任何人都能够放心生活的街区为目的，制造无论认知障碍症患者处于什么状态都能持续生活的社会资源，使认知障碍症患者及家属能够安心地生活。今后，充分利用志愿者，继续动员商店，同时逐渐增加店铺，我们觉得为能逐渐地增加理解认知障碍症的商店，还要不断踏实地开展活动。①

像这样，即使在面向地区的活动中也有介护者自身的组织贴合本地开展活动。可以认为，这些活动也让介护者更容易接触各种信息及机构。另外可以看到，使被介护者和介护者都能够在地区中持续生活的措施（移

---

① 『地域でできる！認知症の人を支えるまちづくり』实践报告资料P. 26～34，2009年5月29日（周五），召开地点：东京都政府大厅。

送、守护、购物等）获得了居委会及商店街等地区居民的协助，并付诸各种实践。

在介护者支援的实践中，不仅是保障介护者的 QOL，也需要介护者自身能贡献于地区，并作为维护生活的一员能够与地区社会成员在当地一起生活。

5. 家属介护和介护质量——旨在介护质量的提高

正如本章所论述的，在探讨“介护质量”时，我们迎来了包含家属（介护者）在内的思考“介护质量”的时期。

在思考什么才是“质量好的介护”时，如果在住惯的地区持续生活是其中的目标之一，我认为就必须思考如何维持需介护人员（需介护高龄者以及残障者）的生活。

如非如此，针对介护质量的讨论就始终只能展示由服务从业者提供服务的养老院等的部分服务质量。

这种狭义上的介护质量甚至都无法反映现实的介护状况。我们应该不断地对庞大的、家属等无偿提供的介护以及家属提供的介护的质量进行思考。

家属等介护者受介护所迫的结果是造成被迫辞职、过度疲劳而生病、经济困难及忧郁、虐待等各种问题，在这种状况下，有必要关注生活中的介护，不断地思考能够做到哪些援助实践活动。

重新明确介护质量是谁如何由谁实施介护的这一介护构造自身，同时不仅是介护保险制定服务的服务质量，而且我们认为有必要不断地对包含家属和区域视野在内的介护质量进行重新审视。

第三章
以介护质量的发展机制实现多彩的生活

● 安达智则

1. 追求介护质量的三个目的

经常会有诸如“奶奶入住的特养，虽然担心质量，但能入住就很好”“那个助工的介护质量不错”等会话。在日常生活中，会无视特殊的定义而在与“介护质量好”同样的语义上使用“好的看护”等。

如果能把日常无意识会话中使用的“介护质量”所包含的内容提取出来，就能不断地推进将“介护质量”难以显露的内容进行“可视化”。“可视化”如得以推进，我想就利于促进介护现场“提高介护质量”的措施。

这就需要对“什么是介护质量”达成共识。正式说，就是对介护的质量进行定义。介护质量没有已经固定的定义，现在各个立场（行政、经营者、利用者）对介护质量的定义也不同。

为什么要确定或欲确定“介护质量的定义”？我们以明确这个动机为

出发点。可以将确定“介护质量”定义的目的整理为以下三个：

第一个目的，是从旨在改善介护这一动机出发思考介护质量；第二个目的，从被誉为良质介护质量的措施和其介护现场中进行学习；第三个目的，吸取介护质量的有关研究成果，明确哪些措施才具有在介护现场应用的可能性，研究提高检测介护质量的评价方法。

三个目的中各包含以下内容：

第一个目的（改善介护的动机）

从现场学习，从实践中学习，然后将介护质量措施的重要性传达到介护现场，于是我们开启了研究会。这是一种使命感。我们的研究会并不是一直在为介护质量下定义而存在。

很多的介护现场都想对利用者提供质量好的介护服务，对这种态度进行援助并共同努力是我们一贯的宗旨。

所有人祈愿能看到介护利用者的笑容。但是很难制定出“为什么利用者的表情不悦”这一客观的评价指标，因为介护始于利用者和介护服务提供者之间的相互关系，而介护质量存在于这种相互关系之中，对此所有人都能达成共识。

简单地说，就是研究介护质量是为了实现提高介护质量的目的。

第二个目的（向先例学习）

通过“介护质量和评价体系研究会”以及实地调查，我们接触到了一些重要的事例。

（1）在介护质量和评价研究会上得到发表的事例

（2）国家指定的介护示范以及高龄福祉先进自治体。（柏市・UR的丰四季台团地、和光市、世田谷区）

（3）一直重视介护质量的介护服务经营机构。（千叶・生活俱乐部风之村、奈良・Asunara苑、长冈・Kobushi苑）

（4）充分利用介护、看护以及医疗人员的措施。（由职业治疗师实施的轻度老年认知障碍症治疗・新宿 JOINT）

(5) 主权人和当事人的社会活动。(认知障碍症患者和家属、日本介护者联盟、特养改良特养之会)

(6) 有效运用评级机构的评价实施的改革。(U-Vision 研究所、地区介护综合评价机构)

第三个目的(吸取研究成果)

围绕介护质量进行的理论研究对五个主题进行了追寻探讨。

(1) 对“2050 年问题”的应对。各国面向超高龄化社会的介护政策动向分析。

(2) 国家和自治体的介护质量评价工作的现状和效果测定。

(3) 重视人的五感的介护理论。

(4) 对“介护”产生的历史研究。对“介护质量”的政策研究。

(5) 与医疗质量的比较研究。

这里试图展示了通过学习追求介护质量的事例,从中吸取教训并推进普及,使任何人在任何地方都能看到改善介护质量的前景。我们将对这个理论结构进行探究。

2. 对介护质量赋予规范的“自由权、社会权、介护保障基本权”——阐释介护质量的三重结构和基于“质的数量”的发展机制

社会学及社会福祉学关于“介护质量”的定义。

介护必定伴随着人为的实践。把介护作为几乎等同于看护的含义来使用,使用比介护含义更广的看护定义,上野千鹤子女士就“良质看护”(与提高介护质量同义)进行了以下阐述①。

“什么是‘良质看护’——从集团看护到个体看护,是对当事者主权

① 上野千鶴子『ケアの社会学』,太田出版社,2011 年。上野女士的定义使用了玛丽・戴莉编辑 ILO 发行的“Care Work”的定义。“在对其承担及实施的规范性、经济和社会结构中,与满足作为依赖性存在的成人或孩子身体及精神上的要求相关的行为和关系”。

立场的进一步推进。从当事者主权的立场来看，看护的质量只能依据于看护接受方的判断。”

“在看护的相互关系中，判断‘看护质量’好坏的是接受看护的当事者，不是第三者。”

“‘看护的质量’必须由看护的接受方和实施方双方共同判断。”

也许是吹毛求疵，看护质量的断定（本书中的“介护质量评价体系”）是“看护的接受方”“不是第三者”“接受方和实施方双方”，存在不同的表达。

上野论述中没有明确地指出是否具有怎样才能不断提高看护质量的机制。对于重视当事人（老年人本人）意愿不存在异议，也很赞成根据专家判断充实必要的介护。但是介护第三者评价的效果并非是零，因为在采取第三者评价措施的过程中就有介护质量得到了改善的事例。

另外，在对“看护的‘质量’的定义问题”进行探讨的基础上，永田千鹤女士在福祉专业书中采用Donabedian的“构造”“过程”和“结果”进行了以下定义。[①] 与上野女士不同，永田女士引进了第三者评价和DCM（Dementia Care Mapping）的效果。

“（介护质量的定义）是以提供介护场所的构造、设备及职员配置等环境为前提，在介护提供者和利用者之间的相互关系中，以专业性知识和技术提供介护的方式，对于介护提供和接受的结果，有时会根据利用者和援助者认可的成果和满意度进行评价。”

这个定义的缺点是没有明确介护质量的范畴。另外，定义中没有提及国家和自治体的作用；由哪些主体不断地提高介护的质量，这个社会性责任的所属无从可知；对介护的质量和数量也没有做出明确区分。

从社会学和社会福祉学的先行研究中无法找到作为“介护质量”（“看护质量”）的定义的可用的成果。虽然并没有查询所有的文献，但好像对

---

① 永田千鶴《グループホームにおける認知症高齢者ケアと質の探求》，Minerva书房，2009年，P. 25～27。关注认知障碍症专门养老院介护质量并根据调查实施的分析作为参考。但即使如此，如厚生省的调查一样，使用的是以美国医疗制度为前提的Donabedian的“结构”“过程”和“结果”分析手法，这不能说是成功地对日本介护现场进行了分析。因为会成为介护自由权领域阶段的定义，因此苦于应对的终期介护及认知障碍症专业养老院现状中存在的矛盾难以浮现。

质和量关系的研究还不充分。这里将试着对介护质量的形态进行分解。

介护质量的三个形态

“介护的质量”，可以分解为三个形态，三个形态的名称都来自于作者。

第一，从介护的利用者和提供者的相互关系中产生的“介护质量”的原生形态。(质的自由权)

第二，通过医疗和介护的合作在社会中创造出的“介护质量”范畴，是低层次的“介护质量”形态。(质的社会权)

第三，基于利用者及提供者的相互关系以及社会而形成的低阶段质量，在得到国家统一规划后的“介护质量”的整体形态，是高层次的“介护质量”形态。(质的介护保障基本权利)

下面将设定各种场景，对三个形态进行具体阐述。

第一个介护质量的原生形态存在于利用者和提供者的相互关系之中，是介护质量的出发点。这个出发点上的人与人的相互关系时时刻刻在发生变化。

第一个场景　家务助工对居家生活的独居老人进行家访。开门时说：“这几天精神如何？今天感觉怎么样?”。然后听到回应声：“跟往日一样啊。”

如果没有这种会话而直接进入家门，那就不是介护，被误解为盗贼也无可奈何。相互问候，就产生了介护的质量。介护有了质量，其后的饮食和扫除也会使人际关系更加顺畅，更加富含内容。

这就是“介护质量”的原生形态。随后，如果问候和会话不断地增加，就可以认为介护质量也得到了提高。

第二个场景　老人由于脑梗塞住进了柳原医院。虽然没有手术的必要，自那日起开始康复但仍有麻痹后遗症，难以出院回家。

于是就转院到柳原康复中心医院，开始进行集中性康复。每天和治疗

师及患者一起步行或活动手部、做体操、放松全身的肌肉，日常生活已经变得没有任何障碍。老人欲回家，但家中的床及浴室改造还未完成，而且孙子正面临考试。

老人于是入住老年保健机构——千寿之乡，并开始进行居家准备。这时工作人员及看护管理员和治疗师进行了家访，制订了出院计划。幸运的是，孙子考试已合格，之后住宅改造也完成，于是老人回家了。

现在老人每周接受两次千寿之乡的日间服务。

第二种情况，从个人的人际关系发展到了社会的关系。

这个社会“介护质量”成立的必要条件是完善特别养护老人院、老人保健机构以及地区综合支援中心等介护的物质性基础设施整备（硬件）及介护认证福祉士、家访护士、治疗师、看护管理员等人才方面的培养（软件）。

如果没有介护设施和支撑介护的专业人员，就不会产生介护的质量。在社会领域中，作为物质条件和人才条件的统一体而产生并促进了介护服务业的发展，利用者也在不断地增加。

第二个场景中的事例充分利用了三个机构：急性病医院、康复专业医院和老年保健机构，三个机构都各有不同的专家。使用医疗保险运营的是急性病医院和康复医院，介护保险则可以在康复医院和老年保健机构使用。

老年保健机构被认为具有特养化的倾向，但如果老年保健机构继续发挥其本来目的回归家庭过渡机构的作用，那么老人在回家之前调整期间的入住就很正常。千寿之乡已经开始同意因住宅改造的入住以及远方扫墓时的短期入住。

在上述事例中，通过治疗师的推动和医院间的地区合作，实现了老人日常生活的回归，可以说，这是地区综合介护的成功事例。

这就是利用社会制度创造出的“介护质量”，地区医疗和介护的社会网络使居家生活得以实现。最大限度地利用现有制度而能够实现的介护质量的范畴，就是社会范畴的质量。

我把这种形态定为“低层次的介护质量”。这个形态从介护的原生形态又前进了一步。这种社会中的“低层次的介护质量”利用的是作为公共制度的医疗和福祉制度以及志愿者等社会资源。

跟20年前相比，居家终期看护也逐渐得到推广。社会领域中的地区综合介护的成功数量将会决定介护的质量。但在现在的社会保障制度中将会达到一个极限。

第三个场景　24小时巡回型家访在足立区千住地区开始实施。但介护保险制度开始后，24小时巡回型家访服务反而难以利用。

家访护士和家务助工以全介助的形式对患有重度脊椎损伤的独居女性老年人进行援助。截至1999年，约一个月的服务费用是60万日元，负担其中10%是6万日元。如果有近6万日元的东京都卧床老人补贴收入，家庭收支也平衡相当。但这个补贴没有了之后，与残障者的助工派遣业务进行组合，老人才能支撑到现在。

但介护保险制度开始实施后，即使需介护度为5，能使用的服务利用金额也不超过40万日元，因此有20万日元需要自我负担，这样老人就无法继续生活，原因就是具有低额且有金额限度设定的介护保险制度。健和会居家团队一直实施着无论具有何种残障直至终期都能够居家生活的实践。但介护保险制度的弊病加倍增加了他们的辛苦和烦恼。

第三个形态是从个人到社会再上升到国家层面。

国家层面的“介护质量”会考验国家法律、预算、财政等社会制度的基本设计。介护保险制度是否发挥了提高介护质量的功能、是否是对努力提高介护质量的介护现场进行支援的制度等，对这些进行探究的范畴就是第三个形态。我们把这个形态称为“高层次质量领域”。

如果对营利企业放任不管，为了获得利润的介护业务就会在社会中泛滥，就会有质量恶化的态势不断扩大的危险。对于这些恶性介护服务经营者，国家还具有排除和规范的作用。

第三个场面显示，超出了个人及法人的努力，国家在导致介护质量的恶化。因为国家参与高层次的介护质量，通过制度和政策就会提高或降低介护的质量。因与国家最低生活基准直接关联，所以其影响会波及全国。

对个人和社会进行了统括的国家“介护质量”会显示出国家福祉质量的水平。在地区主权改革中实施的保育园面积管制放宽和高龄者住宅面积管制放宽，都很有可能会降低福祉的水平。这是因为政策搁置了儿童培养的质量而只追求保育园数量的增加。

这里关注的并不是国家政策的批判，要点是得到国家统一的“高层次介护质量”的形态，我们认为推动国家前进的政府（行政，这里主要指厚生省）具有决定性的重要作用。

比如，国家为了提高“介护质量”而增加介护财政总量就会直接带动介护质量的提高。如果国家真心地采取措施，用国库补贴（支出额）补充介护劳动者的工资、废除介护服务报酬的限额、对实现了生活改善的介护服务增加报酬支出等，那么改善“介护质量”的领域就会得到巨大扩展。

介护质量定义的启示来自于黑格尔的《逻辑学》。

对质和量的辩证法具有一些普遍认识，被称为质量互变规律。“量达到一定程度就会发生质变”是一直理解的解释。

逐渐地阅读马克思、黑格尔就可以理解为以下的定论。

“度是质与量的统一。这时质和量的关联非常密切，使量性发生某种程度的变化后，刚开始对质没什么影响，但最终会引起质的变化。这是黑格尔的基本见解。

马克思认为这是黑格尔发现的规律。在黑格尔之前，并不存在这种思考方式。”①

我认为这个质量规律基本上也适用于介护质量，即介护的数量扩大会完善介护质量的提高，具有这种相关性。

认知障碍症专业养老院的夜班体制如果从一位职工负责九位老人变为

---

① 《ヘーゲル大論理学研究・第1卷》见田石介，大月书店，1979年，P266～272。以见田先生在黑格尔大逻辑学研究会（1973年春至1975年夏）上的演讲录音为基础。参会者常在40～50人。以与参加者讨论的形式进行的演讲录音，录音带超过了100个。见田先生去世后，约50多人共同记录录音内容。于1979年完成整理任务。

二位职工负责九位老人，介护内容就会更加充实；晚上睡前的洗澡也会自由自在；每周一次把职工作为聊天对象，享受晚间小酌；对夜间起来走动的人，一位职工去陪伴，另一位职工可以看护其他八位老人。

从量的充足发展到质量的提高，是介护质量提高的基本机制，但不止如此。

在特养数量不足的状态中，介护困境无法得到解救。即使愿意继续居家介护，但老老介护及认知障碍症患者间的相互介护容易达到限度，如果把数量不足的特养床位增设50万个，就可以把更多的家庭从介护困境中解救出来。数量绝对不充分的介护机构的量性扩大是必要的，但并不是开设特养就能解决所有问题。

只是养老机构数量上的充足，并不能保障老人在养老机构生活的高品质。

比如，在一室多床位的特养和单间式（套间式）的特养中，个体的介护质量是不同的。在一室多床中，虽然有隔断但仍没有私密空间，较难能够发挥人的个性的生活。

另一方面，如是单间生活，可以根据本人的意愿开始养老院介护生活。套间式是住宅的延长，可以保障个人的自由。要保障个人的自由，就需要职工体制和职工介护技术的支撑。即使建设成单间式样，如果介护不能把握利用者的意愿，也不能说是尊重了人格的介护。

介护的质和量的关系不止于此。优质介护采取的措施，其本身就在发挥着很大的作用。

第三者评价业务和基于DCM的质量评价就是其中之一。

虽是部分成果，但通过介护现场提高介护质量的努力已获得了“可以走动了，状态变好了”等实际事例反馈。对于这个优质措施取得的独特的效果，无法用以往普遍认识的质量法则进行说明。只使用质量法则不能很好地说明提高介护质量的机制，因此进一步思考认为应该存在除此之外的介护质量提高的机制。

这样对介护质量理论的疑虑一直在持续。在这种思虑中，我从长谷川宏翻译的黑格尔的《逻辑学》中找到了挣脱这种黏着状态的线索。①

这就是把质量法则作为基本形态，设定推动量的范畴不断地提升到质的提高以及通以独自的媒介性提高质量的功能。这个使质量不断提高的媒介性动力和机动力称为“质的量即适度”（以下简称“质的量”）。存在着连接质与量的“隐形逻辑，即质的量”。

这个“质的量”统一了质和量并发挥着接近本质的媒介性作用。

这个“质的量”存在于“量→质→质的量（适度）→本质”这一逻辑性过程。因此，作为从量的充足到质的提高的阶段，不断接近介护本质的介护实践是有了质的量并以此为媒介走向本质的“螺旋状不断发展”状态。

这个质的量似乎在黑格尔哲学研究中并没有得到重视。但如果站在质的量是存在的这一认识角度，就可以得知质的量的充足对促进介护质量提高是重要的。这是常识性的认识。

作为事例，质的量的存在可以列举为对认知障碍症介护的创造性推进。作为认知障碍症介护的方法，“笑声介护”“话剧介护”“音乐介护”“美（绘画）的介护”等这些积极性推进方式的有效性已广为人知。这些“笑声介护”“话剧介护”“音乐介护”“美（绘画）的介护”直接对认知障碍症患者内心存在的情感产生影响，患者逐渐露出了以往放松的表情，生活开始具有了人的尊严。②

通过这些创造性的推进措施，可以理解为是显露了质的量。然后显露出的质的量又不断接近认知障碍症的本质（生活本身）。通过优质介护发

---

① 黑格尔『論理学』，长谷川宏译，作品社，2002年，「第一编存在の論、B・量、C・限度量」P228～260。这次我们关注了作为量和质的连接点的限度量（mass）。限度量这个词翻译来自长谷川宏。真下信一、宫本十藏翻译的『小論理学』中翻译成「B・量、C・限度（ma＄）」。真下和宫本的翻译是“限度是质的定量……”长谷川翻译的是“限度量是质的一定量……”“真正统一了质和量的质的数量，即‘限度量’出现了。”（长谷川宏译，P241）。作为质和量的结合点的“限度量”，并不是达到界限这一含义上的“限度”，而是能够有效地发挥作用的活动着的“限度量”，即表示了质的量。

② 认知障碍症介护的先进实践事例在增加。『認知症の人々が創造する世界』阿宝顺子，岩波书店，2011年。『ルポ認知症ケア最前線』佐藤干夫，岩波新书，2011年。『認知症のパーソンセンタードケア』Thomas Kitwood，筒井书房，2005年。『パーソンセンタード・ケア』Sue Benson编，Creates KAMOGAWA，2005年。『Creative Approaches in Dementia Care』Hilary Lee and Trevor Adams，Palgrave macmillan，2011年。

挥作用，影响人的精神，并对生活质量产生巨大的影响，发笑、用身体表达情感、沉醉于音乐，每次绘画都成为更加优秀的作品。

介护的本质是改善 QOL。因此，需要从介护的量的充足发展到质量的改善。然后，理解了随着质的量的扩大而不断地接近本质　　介护质量的逻辑结构，就会认识到尽力进行创造性介护的重要性。

这样对于社会学及社会福祉学中缺乏的“质与量的关系”就有了一种说明。充分实施质量介护的重要性，是会使质的量的作用更加活跃，而介护最终可以接近生活质量这一本质。这就逐渐看到了介护质量发展机制的一个路径。

3. 医疗质量和介护质量的区别

为了更深刻地理解介护质量，我们看一下它和医疗质量的区别。

医疗和介护的本质不同，如表 2—3 所示。

关于介护和医疗的基本差别，不需要进行特别的说明。

介护是因年龄高龄在日常生活中产生困难而需要对其日常生活进行的支援。以前都是家属进行介护，因家庭介护能力有限而使介护逐渐社会化。医疗是为了救助有病痛的患者由拥有相关技术的医生对身体异常进行的治疗。根据医生的指示，护士承担病情的疗养。

表 2—3　　介护和医疗的不同

	本质技术	行为	滞留时间	主要提供者	社会制度
介护	生活援助	介护/CARE	长期滞留	介护管理员/介护职员	介护保险
医疗	技术	治疗/CURE	短期/以出院为前提的住院	医生/护士	健康保险

高龄化不断进展，技术革新也得到了推进，国民对介护和医疗的认识也在不断提高。这些都已在社会中得到确立。

在实施生活支援的长期关系中，介护认证护工和介护管理员在介护中起着主要的作用。

医疗是技术，是可期出院的住院。病情治好后本来无须继续住院，但是在高龄者机构不足的日本，有时老人在病好后会一直住在医院直至人生终期，被称为“社会性住院”，这曾是医疗政策上需要克服的课题。虽然还没有完全克服，也为根绝社会性住院，从医疗到介护进行了大幅度的转移。

如何看待医疗质量？全世界是否具有共通认识？已故医生也是医疗研究专家的川上武先生与美国的医疗研究者 Donabedian 在医疗质量的认识方法上有着很大的区别。

川上武先生的“医疗质量”论

川上武先生[①]把研究医疗质量的意义看作旨在从医生主导的医疗转向实现“患者本位的医疗”，认为提高“医疗质量”的目的是为了患者。

认为“在把‘医疗制度改革’作为问题时，首先应关注的是‘医疗的质量’”[②]，并指出在医疗制度改革中主要是国家起着重要的作用。

那么，川上先生认为“医疗质量”都具有哪些构成要素呢？作为医疗的质量，川上先生列出了三个要素：医疗技术、医疗体系、人权意识（医生和患者的关系）。川上先生还认为把技术、体系及人权进行关联思考就是医疗的质量。

其中，认为“医疗质量”的核心是“医疗技术”是川上理论的特征。

他把医疗技术的发展整理为从第一次医疗技术革新逐渐发展到了第三次医疗技术革新。

第一次医疗技术是“抗生素、外科手术，是本质性技术并直接关系到医疗质量的技术革新”。

第二次医疗技术是“胃镜、人工透析机，从 1965 年前后开始应用了量

---

① 医生、医疗评论家。针对日本的医疗，为了推进市民地位、维护患者权利，通过有关医疗史、医疗技术、医疗制度（社会体系）等著作，对医疗政策的改革做了阐述表明。著书、论文数量众多。有『現代日本病人史』劲草书房、1982 年。『技術進歩と医療費』劲草书房、1985 年等。作为柳原医院（诊所）的医生，以及健和会的顾问而进行了长期的活动。

② 川上武「序章　患者本位の医療が『医療の質』を向上させる」，P. 2～19。『日本の「医療の質」を問い直す』川上武、藤井博之、梅谷熏、山内常男，医学书院，2006 年。

子力学的技术革新”。

第三次技术革新是“器官移植、遗传基因操作，涉及了生命操作的技术革新，对社会伦理有影响”。

现代社会的医疗技术已经发展到了运用遗传基因技术人工做出克隆的阶段，另外成功创造了 iPS 细胞的山川伸弥先生（京都大学）使人们对通过转基因技术治疗癌症成为可能性而受到社会关注。这些医疗技术的发展似乎在无限地接近人类创造的“神圣世界”。

该如何对人类使用第三次医疗技术，已产生了伦理上的问题。遗传基因操作是否可以用于人类还难以下结论，正在持续着慎重的讨论。

川上氏对以“医疗质量”为视角进行思考的美国医疗指出了以下四点：第一，有几百万国民没有接受有效的医疗；第二，有 4 000 万以上的人口没有医疗保险；第三，新的医疗服务、新技术和新药品加大了医疗支出；第四，医疗事故需要追加性医疗服务。

如果回想由 Michael Moore 制作的描写美国医疗差距的电影《SiCKO》(2007 年上映)，就如同川上先生指出的一样。《SiCKO》中所反映的是美国医疗金本位的现实。

比如，两根手指因受伤被切断时，是用手术治疗两根，还是一根手指，还是放弃治疗，全都依据本人加入的保险及保险内容。根据情况，也会有不得不放弃通过手术恢复两根手指的情况发生。

奥巴马总统曾力图实现国民全保险制度，但只停留在了旨在促进加入民间保险的政策层面。与以往相比有所改善，但仍没有去除医疗金本位的恶习。

Avedis Donabedian 方法论的验证——“结构”“过程”“结果”的合理性

作为“评价医疗质量的方法论”，Avedis Donabedian 始终提倡“结构”“过程”和“成果（结果）”①。这个“结构”“过程”和“成果”在“医疗

---

① 本人（Avedis Donabedian）于 1919 年出生于黎巴嫩贝鲁特，2000 年去世于美国密歇根(Wikipedia)。参照了《Evaluating the Quality of Medical Care》和《the Milibank Quarrterly》(Vol. 83，No. 4/2005)。

质量”和“介护质量”的研究过程中被频繁引用，可以说是在世界范围内作为“医疗质量评价”的开拓者而闻名的美国研究者。

作为质量评价技术的“结构”“过程”“成果（结果）”① 被 OECD、厚生省的研究会、社会福祉论等所使用，已呈现出确立的势态。

这个“结构”“过程”及“成果（结果）”的三个区分究竟是否能不只用在医疗上而且也适合于介护，是否也适用于福祉，这都必须加以明确。

这里，我们把 Donabedian 的“医疗模式”和 OECD 的“介护质量”以及厚劳省的“介护质量”进行了比较，如表 2—4 所示②。

表 2—4　　医疗模式和介护质量对比

	Donabedian 的“医疗模式”	OECD 的“介护质量”
结构（structure）	人、物及财政资源	建筑物、房间面积
过程（process）	由医疗人员对患者提供医疗活动	介护计划的评价程序
成果（outcome）	身体上生理上以及社会性、心理性的变化	约束的实施/大小便失禁的发生比率
	厚劳省的“介护服务质量评价委员会”（2011.10.7）	
结构（structure）	管理营养师的配置、超出夜班职工基本标准的配置	
过程（process）	有关终期看护计划的制作、理疗师等的康复	
成果（outcome）	退出养老院的居家介护回归比率	

从表 2—4 中可以知道，在“结构”方面，Donabedian 指的是“人、物及财政”，OECD 是指“建筑物”，而厚劳省的是“人员配置”一样，存在着不同。在“过程”方面，Donabedian 指的是“医疗提供”，OECD 是指“介护计划的程序”，而厚劳省指的是“计划和实施”。在“成果”方面，

① Donabedian 的“outcome”的日语表达，在厚劳省、OECD 及关于质量的研究中，可以看到“成果、结果、效果”等译词。

② 『高齢者介護』OECD，翻译：浅野信久、新社会体系综合研究所，2006 年，P73。评价“构造”“过程”及“成果”的指标，除此表所示之外，还有其他指标，这里选取了具有特征性的指标。

Donabedian指的是涵盖了“从身体到社会性的心理”，OECD是指“约束及大小便失禁”，厚劳省则是指“退出养老院的居家介护回归比率”。

应该说三家三种样态，Donabedian和厚劳省在看不到人的具象方面是共通的，二者都没有将伦理、社会性心理性的要素进行指标化。

Donabedian研究医疗的质量而构想了“结构”“过程”和“结果”，并不是长期研究介护而得出的结果。

Donabedian以美国医疗制度为前提研究了医疗的质量，因此医疗差距的存在是他的研究前提。

Donabedian是美国式的，并非像川上先生一样是为了患者而思考医疗质量的存在。

在质量定义上，真正唯一的问题是取得与对健康的实质利益相平衡状态下金钱成本的作用。我认为从医疗质量的单独定义来看，在现实中除去金钱成本这一选项并不存在。①

这正是说明了Donabedian展现的是以医疗市场化和企业化为前提，而且保险之外的人无法接受医疗、以在保险覆盖范围内提供医疗的现实为前提的“医疗质量”的理论。

接着，对于医疗上存在的差距，他认为“虽然不平等，或者可能是以非社会最恰当形态形成的医疗分布结果，但这些问题只能依靠社会活动进行解决”。医疗中存在的问题被作为社会问题从医疗质量的定义中进行了排除。

这与我们的“介护质量”定义不同。

Donabedian的定义因只是分解了利用者和提供者的各种关系，所以停留在了第一结构的“原生形态”。我定义的“社会领域的介护质量”在Donabedian这里受到轻视而被作为了社会活动，即不平等的医疗政策不是由国家去改变而是作为自主的社会活动进行不断的救助。这就是美国式的

---

① Avedis Donabedian《医療の質の定義と評価方法》，东尚弘译，公认NPO法人健康医疗评价机构，2007年，P29。Donabedian以横轴为医疗质量、纵轴为医疗提供数量做出了风险曲线和健康利用曲线并进行了理论性研究，是价格的变动在市场机制中发挥作用的这一近代经济学常识的应用。因为假设了在市场机制中存在医疗质量的最优解，所以难以导出通过公共制度保障全民医疗质量的结论。

自立、个人主义范围的社会活动。所以，从 Donabedian 那里得不出国家具有提供优良医疗的义务和责任的这一理论逻辑。

把 Donabedian 以市场机制为前提的“结构”“过程”及“成果”直接用来分析介护质量，具有潜在的危险。旨在具有经济负担能力者的质量可以获得保障，但低收入者的介护质量无法得到保障，有向这种不平等的质量理论进行倾斜的危险性。

这里重温一下介护质量的三层结构理论。

第一，从介护的利用者和提供者的相互关系中产生的“介护质量”的原生形态。(质的自由权)

第二，通过医疗和介护的合作在社会中创造出的“介护质量”范畴，是低层次的“介护质量”形态。(质的社会权)

第三，基于利用者及提供者的相互关系以及社会而形成的低阶段质量，得到国家统一规划后的“介护质量”的整体形态，是高层次的“介护质量”形态。(质的介护保障基本权利)

Donabedian 的“结构”“过程”和“结果”的分析手法不具备从社会逐渐发展到由国家进行统一规划的质量发展理论。对开拓需要长期生活质量保障的介护评价手法，只能从介护的特质中进行引导。因而结论就是介护质量的评价远离 Donabedian 的手法更为恰当。

第三篇
来自介护评价工作的现场

第一章
介护实施现场的每一步都改变着利用者，也改变着社会

●铃木优子

1. 在医疗和福祉的夹缝之间

①被打断的话

“氧气怎么办!”

在位于长野县佐久市的佐久综合医院的病房突然传出了生气的声音。这是母亲病倒 4 年数个月后，在不知第几次的出院会议上发生的事情。药物已经不再有效，对此家属也已经了解。对母亲来说今后的时间该如何度过，为了和主治医生、介护管理员和家访护士等进行商量，由院方召集开了这次会。

我希望“如有可能在家里陪她度过最后的时光”，因为每次看到母亲住院时都表现出了沉重的心情，而且特别不想把生命即将终结的母亲留在

医院这一体系化的机构之中。

比起医院，我更希望母亲住在熟悉的家里。在这里母亲能看到房屋前面的耕耘了 50 年的耕地和用喜欢的花草种植培育起来的庭院，我希望母亲在这种环境中安静地迎接人生的最后时期。

但是我也存有担心，是否能控制母亲疼痛和难受的程度、和住院是否有差别，曾想过如果住院比较舒适，那就只有放弃回家养护。当时也感到不管是住院还是回家，都需要知道今后状态的变化，作为家属要有所准备。

但是一直没有询问的机会，刚说出“可能的话在家里”，就出现了开篇那医生的怒喝声。

对于母亲的居家临终看护，之前曾和医生说过一次，但被病情说明打乱就没能够深入细谈。

在那里也曾与负责的介护管理员进行过数次商量，但每次她都只回答道：“要看医生怎么说。”

结果是我的要求一直没能得到深入的探讨。

②介护的质量和医疗的质量

佐久综合医院是在 1945 年至 1955 年因农村医学而闻名的医院。医院掌握了手背肿[①]和高血压等农村地区特有的疾病和健康状况，并大力进行了改善。现在在 10 万人口的佐久市[②]，佐久综合医院单是本部就有超过 800 个床位，如果包含近邻市、町、村的医院分部和老人保健设施，床位就超过了 1 200 个，职工人数接近 2 000 人，是个规模很大的医院。不仅作为医疗机构，从对地区经济贡献这方面来看也是地区不可或缺的存在。但就连在这种医院依然会出现像我母亲这种案例，令人感触深刻。

不过，正因为这样，医院的说法可能更加正确。我所希望的是母亲精神丰富且平静地生活。但医疗的对象基本上是患者的健康和生命，生活不

---

① 手背肿胀的疾病，出现在农忙时期，由于过度用手而产生的，是腱鞘炎的一种，因被当时的佐久综合医院院长若月俊一医生提及而为人所知。

② 2005 年，佐久市和相邻的臼田市、浅科市、望月町合并，成为现在的规模。

属于医疗的范畴。即便如此，虽然药物已不再起作用，但医院仍不放手患者，我认为这才是母亲案例的问题所在。

负责母亲的介护管理员属于设在医院中的居家介护支援服务所。因此，可以认为医疗的逻辑也在服务所中得到了贯彻。医疗质量越高，这种倾向越是显著，介护的质量越是难以提升。

医院的高质量医疗水平，对于居民非常重要。但是负责生活的福祉和介护质量如果得不到提高，就无法真正实现居民的愿望。

半年后，母亲因肺炎并发而住院，在毫无生机的 ICU 中停止了呼吸。

2. 从评价工作的角度思考介护质量

①促进发现

我在一般社会法人地区介护综合评价机构工作。

这里的业务分成三大部分。

一是作为东京都“福祉服务第三者评价”（以下简称“第三者评价”）制度的评价机构的业务。通过评价，支援促进介护实施现场的新发现。评价由获得东京都认证的评价机构实施，地区介护综合评价机构则在 2004 年取得了认证。作为第三者评价对象的介护服务所的种类有特别养护、老人保健、家访介护服务所（助工中心)、居家介护支援服务所等以介护保险运营的介护服务所，认可及认证保育园，残疾领域的服务所等涉及 57 种服务。从第三者评价启动起，就逐步扩大评价对象而形成了现在的规模。

第三者评价主要是针对经营层进行的评价。如特养是机构负责人、事务长及介护部长等，家访介护服务所等小型服务所则是所长、主任等职位。因此，评价的结果会反馈到经营层。

经常从第一次接受第三者评价的经营层者口中听到“虽然填写上百数十条项目的工作表很辛苦，但在填写过程中也在自己心里对每天的业务进行了整理”，“理解了在当今社会人们对介护服务所的现实需求”等信息。特别是在开设不久的介护服务所或者有新任所长的情况下，即使只是填写工作表也会获得很多启发。

员工也填写工作表，工作表的结构和经营层相同，但主要以画圈的形式来填写，所以可以在短时间内完成。如果把这些表格统计后再进行相同项目的横向比较，就能看出经营层的现状分析和职工的现状分析之间的差别，有时就会从中呈现出问题的倪端。

利用者调查也是第三者评价的手法之一。根据利用者的特性及状况采取不同的方式进行调查，比如对于能写会读的利用者使用问卷调查，对于手部麻痹、难以实施问卷调查的利用者则使用问答方式等。对于利用者调查，介护服务所的相关人员呈现出了特别的关注。虽然是第三者评价，但并非固定，有时会把上次的利用者调查结果和这次的利用者调查结果试着进行比较。如果发生显著变化，大多数介护服务所的经营者也似乎会有所察觉，就会出现“职工更换得太勤，这个结果在预想之中”，“进行了新的尝试，可能得到了利用者的认可”等反应。

有时评价机构也会收到来自介护服务所的抱怨。统管几家认知障碍症患者专业养老院的经营者曾指出“希望评价者对于认知障碍症患者专业养老院做更多的了解”，因此也会看到很多类似存在于实施评价的评价机构以及评价者的问题。

②促进了介护服务所整体提升的“介护服务信息公开”

二是作为“介护服务信息公开”制度的东京都指定调查机构的业务。“介护服务信息公开”是根据《介护保险法》修改于 2006 年开始的制度。利用介护保险制度运营的介护服务所需要公布服务内容和运营状况的有关信息，以有助于利用者选择服务和介护服务所。这被认定为都、道、府、县的自治业务，地区介护综合评价机构接受东京都的指定而成为调查机构。

该工作是访问东京都内的各介护服务所，对介护服务所即将公布的内容进行确认。地区介护综合评价机构每年要实施 350 至 360 次的调查。这个制度在启动之初就在介护保险指定介护服务所之间出现了议论。信息公开以及接受相应的调查被规定为介护服务所的义务，但调查费用以及信息公布费用都由介护服务所承担[①]，这也成为其中的问题之一。东京都的情况是介护服务所需承担的费用是每次2.2万～2.8万日元（2011年）。在实施调查时，我们经常会听到“不应该既规定是义务又要收费”的意见。

另外，调查主要以对该介护服务所制作的文书资料（规则类、各种指南、合同等）进行确认的形式进行实施，但调查不会追究这些文书资料的内容和质量。因此，调查只要有这些文书资料就可以了。有时会出现疑似只是为这个调查而制作的文书资料，调查员也经常会产生“这个工作真能为谁起到什么作用”的疑问。

但是我认为介护服务信息公开制度可以说促进了介护服务从业者水平的整体提升。当初，无论调查表项目有哪些要求，提交的文书都不合要求，约100个左右的调查项目中多数回答是“无”（即选项中的没有实施和不能达到），这种介护服务所不在少数。其中有些介护服务所除了数值项目外的全部选项都是“无”。在制度开始第6年的2011年，虽不能说这类介护服务所已不存在，但已显著地减少。

2012年度的介护保险修改使制度发生了很大的变化。虽然服务从业者的公开信息如同以往，但调查方法以及介护服务所的费用负担则变为由各都、道、府、县进行规定。在东京都，信息公布及其调查由一年一次变更为六年一次，调查及公布费用皆由东京都承担。在神奈川县，新成立的介护服务所需连续3年接受调查，其余的则变为3年调查一次，调查及其公布费用与以往相同，由介护服务所承担（详细内容请参考下一章）。

③保护高龄者的权利和生活

地区介护综合评价机构的第三个业务与成年监护有关，是保护因认知

---

① 介护服务信息的公开在2011年之前由都、道、府、县各自实施，2012年度起国家开始对服务器进行统一管理。但与公开相关的事务仍与从前一样由各都、道、府、县的指定公布中心进行实施。

障碍症等而导致判断能力下降的高龄者的权利和生活的业务。①

“独居的母亲受到欺骗，买了好几套被子。以前买过但像是忘记了，还在不停地买”，“父亲记不住ATM机取钱的方法了。孩子住得比较远，希望能得到帮助”。

现在我们经常会听到类似的反映。生病可以住院接受治疗，身体行动不方便可以请助工来家里帮忙，但对于面临以上问题的人，医生、护士以及助工却都没有任何能够帮助的方法。

在这种情况下，指定成年监护人②是有效的方法。成年监护人会想办法使高龄者本人不遭遇诈骗和虐待而能过上内容丰富的生活。成年监护人管理存款并根据需要从银行取出直接交给本人，如需住院和入住养老院则由成年监护人负责办理各种手续，这就是成年监护制度，在地区介护综合评价机构中，我们有意利用这个制度并对地区内的老人以及残障者实施不断的帮助。

从2012年起，市、区、町、村政府为了增加市民监护人③开始加大力度进行培养工作。认知障碍症老年人在不断增加，今后成年监护人制度还会不断地扩展。想守护财产的不仅仅是有钱人，正因为财产有限所以更要守护，即使患有认知障碍症也要保护自己的权利和个性生活是所有人的心愿。正因如此，才更需要把公共性、非营利、市民性作为基本的成年监护业务准则。

在2011年度，地区介护综合评价机构和地区整体职员中心面向地区老人共同举办了题为“老年准备的建议”的讲座，一共连续三次。设定了

---

① 成年监护人制度中存在法定监护人和任意监护人两种。法定监护是在判断能力下降的情况下向家庭法院进行申请，由法院实施成年监护等开始的审判。法定监护中有监护、保佐、辅助三种，根据本人判断能力下降的程度进行区别。任意监护是指在具有判断能力时与可以信任的人之间签订合同，将来判断能力下降时，信任的人成为自己的监护人的制度。

② 法定监护的三个种类中，监护的情况下是监护人，保佐的情况下是保佐人，辅助的情况下是辅助人。

③ 成为成年监护人的有亲戚，也有律师及社会认证福祉士等专业人员。因为虽然需要但无法获取监护人的案例很多，自治体就开始了从居民中选取作为市民监护人工作的活动。世田谷区、品川区、大阪市等从很早开始就加大了培养市民监护人的力度。从2012年度起，根据《老人福祉法》第32条的修改，自治体对市民监护人等的培养开始采取积极的措施。

“年老后的准备：从什么时候、该如何开始”“遗书基础知识须知”“了解成年监护制度：旨在保护有尊严的老年和财产”等三个题目。

从参加讲座的人群中，我们听到了“这正是想了解的内容”“年老了，虽然对未来有些不安，不过稍微放心了”等的感想。这个讲座在2012年也举办了。不只是成年监护制度，今后我们也将不断地采取措施以尽可能地减轻老人对未来生活的担心。

3. 对介护质量的评价仍存在改善的余地

2010年初夏，老人保健机构千寿之乡委托我们做了第三者评价。他们想对全部业务进行重新认识并意图进行改善。因此，千寿之乡的管理层和地区介护综合评价机构达成协议并决定了以下事项。

①为了对千寿之乡整体进行重新认识，除第三者评价之外也引入必要的评价和调查，并就改善的方向提出建议。②这个项目的责任由千寿之乡管理层及地区介护综合机构共同组成的协议会承担。

①职工重新审视自己介护的体验

DCM（Dementia Care Mapping）是为了在介护现场实现 Person-centered Care（以人为本的介护、看护）而开发出来的手法，对人的状态是好（well-being）还是不好（ill-being）进行不断的观察和评价。此手法通常是对认知障碍症患者进行连续6小时以上的观察，记录职工每五分钟提供了哪些关照、该患者的状态如何等内容，由经过训练的被称为 mapper 的人实施这项工作。mapper 以通过观察得到的信息为基础，同介护实施现场的职工协商并对介护进行具体的改善（请参考 NPO 法人“以人为中心的认知障碍症介护研究会”的网页）。

虽然这是认知障碍症介护评价的手法，但我们认为也能在老人保健机构中应用，于是就在千寿之乡进行了研究实施。在实施时，咨询了担任 mapper 的 NPO 法人“以人为中心的认知障碍症介护研究会”的内天达二先生，并共同开展工作。2011年12月，在千寿之乡实施了第一次 DCM。

从结果知道，在看起来似乎没什么特殊问题的介护实施现场中实际上存在着意想不到的陷阱。

利用者杉山氏（假名）因窗户射入的光线刺眼，就要求职工把百叶窗拉下来。但是该职工不知道拉下百叶窗的方法，就说“请等一会吧”就离开了。可能也正是中午忙碌的时间，其他职工也抽不出手，之后有几分钟杉山先生就被放置在了一旁。

在那个时间段，职工因送饭及饮食介助，正处于最忙的状态。我想被要求拉下百叶窗的职工也在一直站着忙碌工作。

像这样使用DCM对特定的利用者状态进行长时间观察，以与介护的关系来观察该利用者的状态是否是一个好的状态，就能够发现平常难以注意到的介护盲区。发现之后，职工团队接受现实并不断地研究具体的改善措施，千寿之乡认为通过使用DCM解决了自己的介护问题，决定来年仍将再次实施第三者评价。

在第三者评价中，没有像这样对介护场面进行的长时间观察，可以说难以提取出具体的介护课题。另外，在认知障碍症专业养老院等使用了“场面观察”这一对介护场面进行观察的手法，但是从事该工作的评价人员并没有接受过相关研修，现阶段还不能做到像DCM一样提取课题。另外，第三者评价实施对经营层进行反馈，而DCM是直接反馈到介护实施现场。来自外部派遣的mapper长时间观察介护实施意味着会给现场职工带来很大的紧张感。而且mapper会直接进行评价，这对职工来说不是很轻松。因此在实施DCM时，现场的负责人和mapper之间通常都会进行周密的沟通。mapper、千寿之乡以及地区介护综合评价机构这三者的合作成了这次DCM的推动力。

②关注合作措施进行评价

千寿之乡中同时设有日间介护，这在介护保险上的服务区分中属于“日间康复”。“日间康复”并不是第三者评价的对象，因此评价时援用了“日间介护”的评价项目。在评价过程中的利用者问答调查中发现了本地区独有的成果。千寿之乡隶属于医疗法人财团健和会，健和会在这个地区中运营着柳原医院、柳原康复中心以及千寿之乡，通过三个机构的合作并采取措施使老年人能够继续在本地生活。

利用千寿之乡日间服务的笠井 SUE 氏（假名）有一天突然病倒并住进医院。在问答调查中我们了解到，她在医院住院时体验了非常痛苦的经历。她讲述道，手脚变得无法活动就被放置一直卧床，医生和护士的应对也非常冷淡，“我已经不能自己走动，一个人也去不了洗手间”，每天生活的心情都是绝望的。

笠井 SUE 氏在该医院住院 6 个月以后就转到了柳原医院，情况发生了变化。之前一直是卧床状态，在接受康复治疗后，手脚开始慢慢地可以活动。

在身体状况逐渐稳定下来后，笠井 SUE 氏又转到了能接受更进一步康复治疗的柳原康复中心，继续坚持康复治疗，逐渐地能够自己走动了。现在，笠井 SUE 氏借助助工的帮助居家生活，每周两次来千寿之乡接受日间服务。笠井氏说：“现在我能成这样多亏了健和会。”

笠井氏喜欢俳句，不时地向《千寿之乡之报》投稿。她说：“能自己走动后作了这样一首俳句”，就在我的笔记本上用漂亮的字体写了两首。

“需介护　一年之后　少了一人

打开窗　欲让亡夫（妻）　观梦中花”

笠井 SUE 氏的案例可以说是三个机构合作服务的成果。不局限于第三者评价的框架进行评价，我认为也就有了易于对这种合作服务进行关注的环境。

③对 7 所认知障碍症专业养老院的职工实施问卷调查

在 2011 年度，我们对法人 SUKOYAKA 福祉会所属的全部 7 所认知障碍症专业养老院实施了评价。该法人于 2001 年开设了第一所认知障碍症专业养老院，之后逐渐增加。在其发展的 10 年过程中，随着入住者症状的逐渐加重，便开始了临终看护，一直努力地使即使是认知障碍症患者也能保持个人尊严而悠然地生活。但是随着入住者病情的加重，专业养老院的状态也发生了变化。比如，对于出门盲目行走的老人不是阻止而是陪着边守护边一起行走并力图理解老人行走的真正目的，和入住者一起去商店街购物并与商店街的人进行交流等这些曾经的措施都再难以实施，职工的精力全部都倾注到了每个人的身体介护之上。

另一方面，由于采取了高于基本标准的职员配置，养老院的经营也陷入了困境。因不能增加入住者的金钱负担而不得不实施了裁员。统管7个专业养老院的养老院业务部的管理部曾担心过裁员的后遗症。

因此在共同协商的基础上，管理部和地区介护综合评价机构决定独自对全体职工实施问卷调查。问卷内容也是经过多次商讨而逐步决定的。“你认为入住者的个体性、主体性是否得到了充分发挥”“你认为入住者的需求是否得到了充分满足”“关于临终看护有什么不安”“你认为平时是否具有理念意识”等，问卷调查内容设定了包括了15个项目的问题。

从这个问卷调查中可以看到，一方面职工对理念具有高度的理解，另一方面入住者症状在不断地重度化，而职工则在现实和理念之间的背离之中产生了动摇。另外还了解到，临终看护时最令人感到不安的是“一名职工时的支援”和“突变时的应对”。如同预想的一样，希望增加人手的呼声很高，但并没有发现对入住者努力真诚相待的姿态转为下降的倾向。

在这10年中，认知障碍症专业养老院经历了认知障碍症高龄者样态的变化，作为课题，明确认知障碍症专业养老院将来应努力发展的方向被提到了日程。

4. 提高介护质量的措施带来了成效

①“Asunara苑”的挑战

● 通过综合型、多功能养老机构支援居家介护

社会福祉法人协同福祉会是以奈良县的大和郡山市为中心开展业务的法人。法人母体是生活合作社（naracoop），最初是在1999年开设了名为“Asunara苑”的特别养护养老机构。刚开始，从合作社成员中集资建立了“Asunara苑”这一特别养护养老机构，现在也在天理市、生驹市和奈良市广泛地开展着认知障碍症专业养老院、日间服务和短期入住等业务。在本书出版时，我十分想了解该法人是以怎样的思考为前提开展这种综合性业务的，于是就申请了采访。

在准备开设“Asunara 苑”时，据说从 naracoop 成员中的集资竟达 3 亿 7 千万日元。不仅是集资，该法人还通过义卖会、学习会等合作社成员的不惜努力，成功地开设了 Asunara 苑。但开设后才知道，只是一所 50 个床位的特别养护养老院，根本无法满足数目庞大的合作社成员。当时的合作社成员为 15 万人，而且不是都能够入住 Asunara 苑，当时还是行政制度主导，因此来自市政府的意见具有强大的影响力，法人不能够自己选择入住者，也无法使合作社成员能够优先入住。于是，成员中就出现了“为了什么目的设立这个养老机构”等意见。

于是，经过一场广泛的讨论，该法人决定“把 Asunara 苑变成地区的场所”。从那时起，协同福祉会开始在地区老人的居家生活支援上加大了力度。其显著特征是，其中大多数都是综合型养老机构。综合型养老机构的多功能化，能够应对处于各种状态的老人。比如，奈良市西之京的养老机构具备了日间服务、短期入住和介护计划中心（居家介护援助）的功能，事先也预留了事务所空间以备将来能够从事家访看护及家访介护服务。

村诚理事长说：“比如如果只有日间服务，当利用者症状加重时就必须让他们转移到其他养老机构，为避免这种事态的发生，多功能化就能够应对从轻度到重度的各种需求，这样利用者也会更加安心。”

最近听合作社成员说：“在设立 Asunara 苑时，曾想过为什么设立这样一个养老机构，现在它终于又回到我们身边了。”

● 目标是“想在锦市场吃遍美食和去泡温泉”

关于协同福祉会实施的介护内容和思考方式，已经有专门的书籍介绍[①]，在本书的第一篇第三章中也有过介绍，在此不再赘述。但是有一项

---

① 『あなたの大切な人を寝たきりにさせないための介護の基本－あすなら苑が挑戦する「10の基本ケア」』社会福祉法人协同福祉会，CREATES KAMOGAWA，2009 年。

一定要介绍，那就是介护计划的内容和形式。介护利用者吉冈氏（假名）给我看了他的介护计划，有着非常具体的长期目标，“想去京都旅游，在锦市场吃遍美食和泡温泉”。

作为介护服务信息公开制度的调查员，我访问过很多养老介护服务机构，看过很多介护计划，但从未见过如此详细的目标。抽象且可以普遍适用的目标难以使介护利用者及介护职工形成日常目标意识，多数都会作为空想而结束。

在吉冈氏的计划中，在为实现长期目标的短期目标中列举了“一起出门和做些擅长之事，共享愉快的情绪”“每天多走动，过富有弹性的生活”“努力提高身体能力，获取能够长距离走动的体力”三点，在各个短期目标下又设定了“旨在目标实现的具体介护内容”，这是长期目标实现途径能够一目了然的计划。想象着吉冈氏在锦市场吃美食的愉快情形，我也变得无比期待。

②生活俱乐部风之村“特别养护养老院八街”重新出发

●在最佳环境中重新审视介护内容

“生活俱乐部风之村”是生活俱乐部合作社作为母体的社会福祉法人，在千叶县的柏市、佐仓市等经营着介护保险指定介护服务机构和保育园等广泛的业务。其中之一的位于八街的“特别养护养老院八街”是由建筑专家、有名的介绍瑞典高龄者福祉书籍《**クリッパンの老人たち**》的作者外山义先生设计的，开设时作为单间、单元介护的先锋而受到关注。我想一定要去参观这个建筑，去了解在那里是如何实施介护的，优秀的硬件（建筑物）是否能够产生优秀的软件（介护）。

从八街站坐车10分钟，就看到了被静谧的树林环绕的建筑。进入建筑，正面是宽敞的大厅。在门口旁边有喝茶的区域，成为地区交流的场所。在单元和单元之间还有宽敞的空间，通过敞亮的窗户能看到外面延绵广阔的树林。单元内的食堂也很宽敞，墙壁上随处有绘画装饰，形成了生活般的空间氛围。在6块榻榻米大的单人房间中设有卫生间。因为在长方形卫生间的长的一面设有拉门，在介助时，职工就可以站在利用者的正旁边。

生活俱乐部风之村的理事长池田彻先生在 2007 年 12 月向 Uvision 研究所提出了评价申请。Uvision 研究所是单独对特别养护养老院和认知障碍症集体养老院进行评价的机构。特别养护养老院八街在环境方面能够向利用者提供最高水平的环境，但在以此为自豪的同时，池田彻先生也感受到了中间管理层得不到培育的危机感。

现任机构负责人岛田朋子告诉我们，当时的评价结果是“中偏下”。据说特别养护养老院八街创设当初还没有问题，但随着时间的流逝，利用者的介护需求度不断提升，机构已经无法应对。因介护保险的修改造成介护报酬减少从而进行的人员削减对介护也产生了一定的影响。

●“如果职工不愉快，利用者也不会愉快”

池田先生继续向 Uvision 研究所请求监管。Uvision 研究所的本间郁子理事长向刚刚成为该养老机构负责人的岛田女士提供了支援和建议。因要改变至今为止的工作方法，好像在职工之间还产生了各种摩擦。据说，首先下了很大的功夫让职工理解现在的做法中有哪些地方需要改善以及为什么需要改善。在监管抽取出来的课题中，仅主要的问题就达到 20 多个项目，特别养护养老院八街还通过理事会进行了职工的调动。岛田女士当时非常辛苦，精神上也相当紧张，处于几乎是随时都可能辞职的状态。能够战胜这些困难，我想是因为作为组织最高管理者的池田理事长强烈地提出了改善的决心的缘故。

岛田女士在改革中重视的是依照职工“想帮助利用者，想成为有用者”的想法的做法。如果从利用者的视角思考并进行介护服务组合，就能最终看到利用者明显的变化，职工也会逐步地从中获得工作的意义。介护职工从“因人手不够无法做到”变成开始思考“即使没有人手，该怎样才能做到”。然后，管理层会逐渐地体会到“如果职工不愉快，利用者也不会愉快”，这样管理层会逐渐得到培育，管理层成长了，养老院整体也会随之发生变化。

现在，特别养护养老院八街有着如生活场所般的平静。静谧的时间在缓缓地流淌，在访问后的午后片刻，我参观了明亮的养老院内部，留下了这样的印象。

③利用市民评价的经验制作独自评价指标

● 观察夜间的看护

先不论规模如何，因在实施独自评价方面感到了共同之处，我就访问了 Uvision 研究所。

Uvision 研究所位于从涉谷站步行 10 分钟左右的黄金地带。事务所中除了本间女士外，还有 3 名女性员工，我大脑中瞬间闪现了租金和人工费，看起来和我所在的足立区的事务所有着很大的不同。

据介绍，除了特别养护和认知障碍症集体养老院之外，残障者机构等也是评价对象。

Uvision 研究所评价的特征之一是观察夜间看护。本田女士说从虐待的分析结果中注意到，虐待最多发生在职工人数比较少的时间段，于是就增加了对夜间的调查。地区介护综合评价机构也在关注着夜间看护，虽然因为人工等条件制约还未能实现，但听到 Uvision 的措施介绍，我更加坚定了决心。

本间女士还在着手解决养老机构中的虐待问题，已经几次向厚劳省提出了请求书。这一天，就对在歌山县的特别养护养老院中发生的虐待事件，本间女士一直应对着来自媒体的征求意见的电话。

● 作为市民开展着特养的改善活动

本间女士一直从市民的立场出发开展着特养的改善活动。出于对虐待等低水平特养现状的愤怒，20 世纪 90 年代，本间女士就独自实施了东京都内特养养老院的现状调查。调查总结手册产生了很大反响，以此为契机，本间女士成立了“特养养老院改良市民之会”。

为了尽可能地改善特养的状况，本间女士开始了特养相关调查研究、向市民及行政部门等提供信息等活动。有时会接到对特养的抱怨以及来自职工的内部告发，这时本间女士就会对该特养进行确认访问，并根据情况向县政府进行通报。

④进行“工作”的利用者——JOINT的措施

地区介护综合评价机构从2007年起举办了“介护质量和评价体系研究会”。研究会上曾有过对有关轻度老年认知障碍症进行重点研究的经验。通过研究会了解到，对轻度老年认知障碍症的支援体系还非常不完善，我想这是不是一直以来把介护对象过于局限于高龄者的缘故。

在东京都新宿区的轻度老年认知障碍症专业日间服务机构“JOINT”中，装饰了几幅由利用者手画的竹笋画。用从下往上看的角度画的这些竹笋画，都是看着照片画出来的。顽强地从地面中冒出的竹笋、离地面很高的上空中在风中摇曳的竹叶、透过竹林射下的阳光……画面令人神往。

●轻度老年认知障碍症人群存在的困难

2011年11月，我作为会员加入的自由团体“地区社会网络・KOMU”主办了“全国居家介护研究交流集会”。在20世纪90年代后期，由全国的助工、护士、社会工作者等专业人员，研究人员以及市民构成的这个团体至2011年几乎每年都召开这种研究交流集会。在2011年第17届研究交流集会上，第一次设立了介护质量思考分论坛。在这个分论坛上，JOINT的比留间所长向大会做了实践报告，前面提到的绘画也在这个报告中得到了介绍。比留间女士曾经在大学医院中担任职业疗法师，在了解到轻度老年认知障碍症患者缺乏支援场所导致患者本人及家属都一筹莫展的情况后，就设立了JOINT。JOINT每周两次接受患者，没有申请使用介护保险。

●通过物品制作进行自我表现的活动

在设立JOINT时，比留间女士重视的是利用者“想工作”及“想参与社会”的愿望。轻度老年认知障碍症患者由于症状发生而在某天突然被夺去工作，从而被迫与社会隔绝。与退休后度过了一些年月再发症的高龄者认知障碍症患者相比，有着根本性的不同。因此，JOINT决定活动方式尽量采用接近工作的形式。

利用者要早晨开会确认一天的预定计划，中午在附近的套餐餐厅吃饭，1 小时的休息结束后继续开始工作，回家前进行一天的总结，每个人都要制作报告资料。工作前和回家时都要按下计时器，还随身携带名片。

利用者的“工作”是制作皮制地铁卡套、卡包以及绘有自己画作的留言卡等多种产品并进行销售。还接受名片制作的订单，因此利用者也会出门进行营销活动，在公园拾捡垃圾等也是工作的一部分。利用者还在地区活动及节日时开模拟商店，开展志愿活动。

JOINT 的产品充满着魅力。也许是具有制作销售产品的意识，成品制作非常地精细认真，此外还具有一定的设计。擅长绘画的利用者作画，擅长皮革缝制的则负责缝制。制作这些小物件据说也成了发现利用者自己特长的机会，这些小物品制作还可以看作利用者的自我表现方式。可以说，利用者在 JOINT 通过物品制作而表现自我，从而实现了社会参与。

● 如有适当的援助则能做到更多

关于利用者的支援方法，比留间女士说道：

“因是认知障碍症就会有记忆障碍，即使想做某件事情有时也不能持续。在会话时，利用者会突然不知道别人在说什么，有时还会出现会话停顿。但是不能只把眼光放在有问题的地方，要使患者不断地去做自己能做到的事，而创造这种环境是很重要的。利用者在工作中有时会出现突然不知道下一步该做些什么的情况，这时如果像‘刚才做到这里了’这样稍加提示就会马上想起来。如果有适当的支援，即使是认知障碍症患者也能做相当多的事情。”

然后比留间女士还说，了解阿尔茨海默型、脑血管型、路易氏体型、额颞叶变性等认知障碍症的原因和特征并使用适当的支援方法也很重要。

● 通过挑战新事物而拓展世界

在访问 JOINT 时，我得到了与 4 名利用者进行座谈的机会。从年轻时便喜欢音乐的小野氏（假名）在患认知障碍症后开始挑战单簧管，现在已经能读乐谱了。桥本氏（假名）在患病前从事花坛设计等工作，在 JOINT

则发挥自己的感性，从事着 JOINT 的产品制作。

我感到无论哪一位都找到了新的生活方式并在向前迈进，这种积极性与 JOINT 的支援方法和工作内容是有很大关系的。

5. 创造和改善舆论与行政也是提高介护质量的工作

长寿是痛苦的?

在 2011 年 10 月 15 日的《朝日新闻》日刊上登载了题为“你想活到 100 岁吗?”的问卷调查。根据这个调查，4 144 名回答者中回答“不想”的人占全部回答者的 65%。其中，理由最多的是“不想直到生病还活着”，第 2 位是“不想给亲属添麻烦”，第 3 位是“没感到活到 100 岁有什么意义”，第 4 位是“不认为会有什么好事”。总体来说，从调查结果中能知道人们对年老之后的人生大多抱着消极的看法。

报道中提到的消极派意见大致如下：“从对自己和丈夫的父母 4 个人的介护经验中就想要在我们这一代结束这种辛苦”“因为婆婆从饮食到排泄都需要介护，我不得不连工作都要辞去。长寿会给亲属带来麻烦”等。这些声音也是现实的反映。

进入高龄后如不借助他人的帮助则无法生活，而多数人不报太大期望，只是安静地生活在被安置的环境之中。对于接近人生终点的人来说，大多数人已经没有了发展、希望、感动、心跳等这些体验。无论现在正值壮年还是高龄者，可能都会有这种想法。

●“界限内的世界会无限扩展”

到底是否真是如此? 即使存在高龄、身体不便等制约，也不是就失去了一切。年轻人也存在着制约，比如，没有宽裕的时间，放弃自己的喜好而优先孩子等。而与此相比，高龄期的一天大部分时间则都能用在自己身上，从束缚中解放了出来，可以说精神变得更加自由。

赤濑川源平先生在《老人力》一书中谈到年老后的趣味时这样写道：“知道自己能力的界限，可能会有失落，但如果在放弃某些东西再进行某种尝试，对自己来说实际上那将是一个宽广的世界。……知道能力的界限，如果在界限内开始某种尝试，那界限内的世界就会得到无限扩展。”这也适用于成为需介护状态时的状况。即使是高龄，比如即使是认知障碍症也会获得新的能力，自己的内心世界会得到扩展，作用于社会，认识新的朋友……JOINT 的实践也让我们认为这些都有可能。作为认知障碍症患者当事人而闻名的 Christine Bryden 的著作也证明了这一切。

但是现实中的老龄者和实施介护的家属的状态却让人无法相信上述语言。在缺乏高龄者形象描绘的社会，只能实现内容缺乏的介护。我们必须在采取提高介护质量措施的同时，不断地树立丰富的高龄者形象。这两者相互关联，一方提高了，另一方也似乎会随之提高。提高介护质量的措施应该会促进发现高龄者的可能性和丰富的内心世界，我们期待这种信息能从介护实施现场向社会传递。

● 对国家和行政的建议活动

如果只是观察介护服务所中的介护方式和运营状况，提高介护质量的措施终归有限。因为介护在社会体系中进行运营并受到了地区、社会以及国家存在方式等的制约。

实际上，奈良县的协同福祉会和生活俱乐部风之村有着意想不到的共通之处。两者都参加了名为“特养改善的特养之会”。生活俱乐部风之村的池田彻理事长是“特养改善的特养之会”的会长，协同福祉会 ASUNARA 苑的负责人大国康夫先生则担任理事。这个会成立的目的中写道：“我们要重视的是该怎样做才能使即使需介护度加重、即使患有认知障碍症的老人也能保持其个性生活而进行支援，因此为达到目的就必须不断地完善发展特养体系。”

这个会还在 2011 年 11 月与“特养养老院改善市民之会”共同发表了题为《维护特养养老院‘一人一室’，保障有尊严的生活》的共同声明。前面讲到“特养养老院改善市民之会”由本间郁子女士担任理事长。该声明书认为在不断推进特养单房化的过程中，部分自治体却作为独自标准将居室入住人员定为 4 人以下，这是问题的所在。就是说越是真心实意地提高介护质量的措施，在措施中越是必然地包含了对制度和政策的态度表明以及建议。

●《2012 年京都文书》

2012 年 2 月 12 日，在京都的同志社大学室町校区召开了“京都式认知障碍症介护研究集会”，会上通过了《2012 京都文书》。这是旨在构建“京都式地区综合介护”而发表的文书。文书认为为构筑这个体系，需要明确从认知障碍症初期到末期的全部样态，然后强调了在初期阶段通过医疗和介护的结合以确保认知障碍症患者生活连续性的重要性。

在“京都式认知症障碍看护研究集会”召开的约 2 个半月前，该会为掌握京都的认知障碍症医疗和介护的现状而进行了问卷调查和分析，目的是为了描绘出“从与认知障碍症携同生活者的角度观察地区综合介护”的状态。问卷调查对象是在京都长期从事认知障碍症介护的专业人员和当事者家属约 30 人。作为与认知障碍症携同生活者的代言人，他们采取了回答问卷的方式。问卷项目有“与认知障碍症携同生活的他/她的想法（当事者的想法、家属的想法）、他/她的希望以及未能得到满足的有关需求”“从与认知障碍症携同生活者角度观察地区综合介护的观点出发，什么‘已做到’和‘还未能做到’”等 9 项。

调查结果中分析了“无法掌握认知障碍症介护方法”案例的主要原因等，提出了构筑面向地区综合介护的具体课题。这个调查结果在考虑介护质量评价指标方面也具有参考意义。

●介护现场职工和家属的生活质量

“特养养老院八街”的岛田女士说过：“如果职工不愉快，利用者也不会愉快。”在大多数介护工作现场，职工都在努力地提供尽可能好的介护。工作量大，虽然职工很想看到利用者充满生气的表情并为其人生的光芒助一臂之力，但存在着令职工苦恼的无法实现的矛盾。如果这种状态长时间持续，职工就会全力以赴地完成眼前的工作而会无视利用者的需求。如非如此，则会对介护工作产生失望而离开工作场所。

介护工作的低收入是众所周知的，因此职工的劳动环境也必须得到改善。他们的状态是否具有去欣赏音乐会、观赏电影和戏剧以及绘画的时间和精神上的宽裕。

对家属来说也是同样。正因为介护保险有额度限制，就会出现无法接受足够服务的状况。最近，为了父母介护而辞去工作的 40 多岁、50 多岁者大有增加。在患者认知障碍症周边症状严重的情况下，还会出现被医院拒绝住院、难以利用日间服务和入住养老院的状况。在这种情况下，容易出现连带家属一起病倒的特别局面。根据患者症状程度而无法利用介护服务的原因被认为是因不符合保险原则，这都在实际发生过。

● 重要的是努力享受人生的姿态

我们可以把介护质量作为与任何人都有关联的问题进行认识。即使采用不同的方法，也要要求高龄者和家属以及介护服务现场职工、居民等在各地区及工作场所中共同合作，以提高介护的质量。

在 2011 年 3 月 11 日的东日本大地震中发生的海啸，导致了福岛第一核电站的核辐射泄漏事故。事故发生后，出现了部分老人申请去核电站建筑物内部进行事故处理的有关新闻报道。与其让正当工作还需养家糊口的年轻一代去遭受辐射，还不如让剩下年月不多的自己进入建筑物，我想老人们是出于这种考虑而提出的申请。但是从长远来看，与因高龄而自己主动交出性命的申请相比，更应该对核电站的存在方式提出异议，我是这么认为的。只要不在年轻时失去生命，任何人都会逐渐成为高龄者。作为后世的传递人，努力生存的生命力、即使身体行动不便而变得需介护也仍努力享乐人生的姿态才是最宝贵的。我认为具有能够动摇既有思维和既有价值观要素的措施才能提高介护质量。

第二章
探求有益于提高介护质量的评价

●朴美兰

1. 介护质量评价的开始

①介护质量评价体系产生的背景

在介护逐渐社会化之后，社会才认识到必须对介护进行质量评价。无论在哪个时代，家人的介护都是“无偿”的，来自行政以及当事人之外的质量评价从未有过。在由家属以外的人提供介护服务的福祉服务时代，介护主要是依据行政制度入住养老院，提供被称为三大介护的饮食、入浴、排泄介护，并没有涉及介护的内容。正因为介护的对象是难由家属进行居家介护的高龄者，所以接受介护本身可以说就是目的。

介护不断地朝社会化的方向发展，在 20 世纪 70 年代，当时的厚生省审议会[①]展示的养老院模式是应“从收容场所向生活场所”的转变，以及“能够充分提供适合高龄者身心功能状态的丰厚福祉介护”。在这之前，养老院主要是低收入者的收容所，但随着进入老龄化社会以及老龄化的快速进展，需介护高龄者人数预计会不断增加，因此就需要全社会来思考介护对策。1987 年，诞生了介护认证护工资格制度，产生了作为业务而从事他人介护的专业职业。1989 年，政府对社会性介护服务的需求量进行了推测，并通过“黄金计划”开始推进量性完善。

介护保险制度推进了高龄者领域的介护社会化，介护关系从以往的行政制度转变成合约服务的体系。因此，介护服务利用者的认识也从享受福祉恩惠的被动者转变为购买服务的消费者，开始追求与享受服务费用负担所相应的服务质量。

以往，对于福祉服务性质的高龄者介护要求的是福祉服务方面的评价，而现在作为介护服务，其质量则受到追究。当然，因高龄者介护在法律上也是福祉服务，所以要努力实施作为福祉服务的第三者评价和作为介护服务的信息公开义务，这两个制度同时适用。另外，认知障碍症高龄者集体养老院和小规模多功能型入住介护还有接受外部评价[②]的义务，因此，就受到三个制度的制约。这些制度是否对介护质量实施了适当的评价？是否公布了必要的益于利用者选择的信息？为什么对于一种服务需要两至三个评价制度？我将从介护服务评价制度化的发展过程出发，对其特征及制度的意义进行思考和阐述。

②从法令遵守监督到服务质量评价

《老人福祉法》制定当初，厚生省对其制定的养老院运营基本标准具有报告及检查、监督命令、取消指定等权限。检查项目是章程及管理规定

① 中央社会福祉审议会老人福祉专业分会的 1972 年「老人ホームのあり方に関する中間意見」、1975 年「今後の老人ホームのあり方について」。

② 是 2002 年仅以认知障碍症专业养老院为对象开始的评价制度的名称。在 2006 年的《介护保险法》修改时又加入了小规模多功能居住介护服务，使其成为评价对象，与认知障碍症专业养老院同时被区分为地区紧密型服务，名称也变更为服务评价。在本书中为了与第三者评价进行区别，称为“外部评价”。

的有无、职工配置及事务处理体制、精算和会计、机构的结构设备及待遇等内容。之后，直至20世纪80年代，这期间发布了几次通知，审查内容也从以会计为中心着重于业务费、事务费的正当使用转变成涵盖机构的运营管理、入住者待遇等内容。[①] 指导、监督的目的始终是对是否遵守运营基本标准进行检查。根据介护保险制度，对于介护保险指定服务机构运营状况遵守状况的“指导监督”[②] 开始由都、道、府、县及政府法令指定的城市及核心城市实施。

通过1989年的“黄金计划”开始推进量性扩大，在这个进程中，服务质量的确保和提高被作为了今后的课题。全国社会福祉协议会（以下简称“全社协”）接受厚生省委托研究制定了服务评价项目，并在1993年开始了“特别养护养老院及老人保健机构”的评价，1996年开始了“居家福祉服务”的评价。1994年的《老人福祉法》修改中增加了“对老人待遇质量进行评价”的义务的规定内容。

当时的“特别养护养老院及老人保健机构”的服务评价项目在“日常生活支援服务、专业服务、其他服务、地区合作、机构设施环境、运营管理”等6个领域方面设定了100个项目。评价设有A、B、C、D四个级别，将B设定为标准条项，如果标准条项全部得到满足则是B级评价。在B项目得到全部满足的前提下，如果机构具有独自的措施则被评价为A级，B级条项中只要有一个未能得到满足则为C，B级条项全部都未得到满足则为D。评价的目的不是分级排名，而是各养老机构对是否实施了标准条项进行自我评价并争取达到满足最低限度标准条项的状态。但从是否为每人准备了一条以上的洗澡用毛巾、是否在夜间和早晨也实施了纸尿布定期更换等询问条项，由此不难看出，当时最低限度的标准是一种怎样的生活状态。在1994年召开的厚生省“高龄者介护及自立援助体系研究会”[③] 上，对于介护服务绝对数量的不足以及市、町、村之间存在的整备状况差距等

---

① 『グループホームにおける認知症高齢者ケアと質の探求』永田千鶴，Minerva书房，2009年，P40。

② 「介護保険施設等の指導監督について（通知）」老发第479号，2000年5月12日。

③ 高龄者介护・自立援助体系研究会报告书「新たな高齢者介護システムの構築を目指して」，1994年12月。

问题，大会对通过地区介护体制整备以及利用多元化服务提供主体和市场机制以提高服务的质量进行了期待。此外，大会根据介护服务的特性指出，作为对市场机制的补充措施还需要第三者评价、信息公开以及解决纠纷的体制。这时距介护保险制度开始实施还有 6 年，就已经指出了根据第三者对于介护服务的质量进行评价的必要性。

从 1999 年开始，在厚生省的福祉服务质量相关研究会上探讨了第三者评价，从 2003 年起，全社协开始就福祉服务第三者评价工作推进体制、评价基本标准指南等实施了试点工作。根据试点结果，在 2004 年 5 月发出了“关于福祉服务第三者评价工作的指示”的通知，并开始正式实施。厚生省对福祉服务第三者评价的定位是《社会福祉法》第 78 条第 2 项①的国家规定措施。

2000 年 4 月开始实施的《介护保险法》第 5 章是有关经营者及养老机构的指定、取消等条文，规定各介护服务经营者“要遵从指定业务的整备及运营等有关基本标准，根据介护需求者的身心状况等提供适当的服务，同时必须对提供的服务进行自我评价并通过采取其他的措施站在服务接受者的立场进行服务提供”，对努力进行自我评价进行了规定。2003 年 6 月，在高龄者介护研究会的报告书《2015 年的高龄者介护——旨在确立保证高龄者尊严的介护》中提到了服务质量的确保和提高，指出“需要确立介护服务自立支援的效果评价（outcome 评价）手法，构建通过对利用者公开评价结果使提供高质量服务的经营者能够获取介护利用者的选择，并不断地促进经营者自身质量改善的体系。具体做法是有必要把现在用于认知障碍症高龄者介护的外部评价体系也尽早地用于其他的介护服务领域”。

2002 年 3 月，日本内阁制订了“推进规制改革三年计划”，其中指出“在督促介护服务经营者确切地完成信息公开义务的同时推进第三者评价”。因此在 2003 年 9 月，“介护保险指定服务质量评价的有关调查研究项

① 《社会福祉法》第 78 条第 2 项（国家对于第三者评价措施的努力规定），国家为了对社会福祉业务经营者实施采取的旨在提高福祉服务质量的措施进行援助，必须努力采取有助于实施公正且准确的福祉服务质量评价措施。

目”被委托给一般社会法人Silver Services振兴会[①]，这是因为一直以来Silver Services振兴会作为厚生省管辖法人通过发放银发标识制度进行评价工作，并在2004年度改名为“关于介护服务信息公开标准化的调查研究委员会”，2005年度作为“关于介护服务信息公开的调查研究委员会”继续进行调查研究，其调查研究结果作为介护服务信息公开制度被纳入到了2006年的介护保险制度修改中。为了保障和提高介护服务的质量，需要提供有助于利用者选择的信息，并且所提供的信息是对介护服务支援效果进行的适当评价结果等，虽然这些和福祉服务第三者评价的目的没有什么不同，但以介护保险指定服务为对象确立了另外一个制度。

③第三者评价是否对服务质量进行了评价

第三者评价的目的是，每位经营者掌握服务运营中的具体问题，并力求服务质量的提高；信息有助于利用者选择适当的服务。为了达到这个目的，评价需设定利用者需求的服务质量相关条目信息，对是否实施以及实施过程的恰当性、实际的服务水准等都必须进行评价，并对是否促进了服务质量的提高进行验证。但是在进行第三者评价说明时，绝对会出现的表述是“不是分等级”。通过评价过程找出应改善的课题，然后制订计划并付诸实施，以力图提高服务质量，采取了这种体系的第三者评价是确认介护服务所是否根据理念、方针和计划提供了服务，是为能提供优质服务而找出应改善课题的制度。

我查询了福祉领域“评价”的有关定义。在《新版社会福祉实践基本用语辞典》[②] 中有这种说明：“所谓服务评价，是指对由以社会福祉工作人员为主的专业支援者提供的服务进行评价。通常该内容包括了从所提供服务的效率和效果两个方面进行的评价。所谓依据服务效率进行的评价，是指相对于提供服务时所投入的人力和物力资源，对该服务提供效率的如何

---

① 以力图提高 Silver Services 质量及其健全发展为目的于1987年（昭和六十二年）3月设立的厚生省管辖的公益法人。

② 『新版社会福祉実践基本用語辞典』日本社会福祉实践理论学会，川岛书店、2004年、P63。

而进行的评价。另一方面，依据服务效果进行的评价是指对提供的服务在解决利用者问题方面起到了多大程度的作用而进行的评价”（加点处出自笔者）。翻译成英文是 evaluation。

被翻译成“评价”的英语单词中，除了 evaluation 还有 assessment，也翻译成评估的 assessment，因为是在社会福祉工作和介护过程中为制订支援计划而进行的利用者现状分析，所以也被翻译为“事前评估”。进行 assessment 并分析问题，再制订支援计划以提供介护服务，对完成情况进行监控并对给利用者带来的变化和效果实施评价（evaluation），这是一个连续的过程。在第三者评价中含有计划的有无、计划的修改、按计划执行的相关询问条项，但并未发现由此带来的效果和成果的有关评价条项。所以第三者评价不是指对服务质量的评价（evaluation），而可以理解是对服务提供体制和体系进行评估的制度。这种对体制结构的检查，仅仅是以对法令及运营标准的遵守状况进行确认的、以指导监督为前提的自我检查，与利用者期望的服务质量评价还相差甚远。在厚生省的通知①中写道，接受第三者评价的审核是认可弹性使用政策实施费用的条件，会对法人的指导监督实施次数产生影响。但对决定指导监督实施次数产生影响的服务质量评价也只是对依据运营标准的服务提供体制状况进行的评估。

④公开的信息是否是有助于利用者选择的信息

介护服务的信息公开制度（以下简称“信息公开制度”）使用了一般社会法人 Silver Services 振兴会制作的全国通用的“基本信息”和“调查信息”内容。“基本信息”由服务机构自我申告，而“调查信息”则是由都、道、府、县指定的调查机构调查员访问介护服务所并进行确认。调查信息中包含了对利用者说明义务的执行情况及同意的署名盖章、根据计划的服务提供、各种工作指南的完善状况及研修的实施情况、组织运营等相关项目内容。调查的特征是采取了无论内容如何都只对相关资料的有无进行确认的调查方法。因为是根据需要进行了各种工作指南的制作、废止和

① 「雇児発第487号/社援発第1274号/老発第273号」2001年（平成十三年）7月23日。

修改，因此，为了促进服务质量的提高，就必须对其内容构成以及有效利用进行确认。虽然观察指南的运用现场有些困难，但可以对其构成内容进行研讨。我想这是为了消除因调查员不同而产生的调查结果差别而不得不放弃对内容的追究。但那些未制作工作指南的介护服务所只要制作资料封面即可过关，所以那些通过完善工作指南努力提高质量的介护服务所不得不对这个方法的调查意义抱有疑问和不满。

笔者作为公开制度的调查员在访问介护服务所时，曾有次看过作为饮食介助指南资料的对利用者 B 氏进行饮食介助的注意事项。我问道："对所有利用者都分别制作了饮食介助程序资料吗?"职工回答道："不是的，只针对 B 氏。"调查的条项内容是问询"对于饮食介助是否具备旨在确保该服务质量的制度"的内容，为了对此进行确认，就要查看是否具有"饮食介助程序资料、饮食介护指南等"资料。该 A 介护服务所提出资料的题目为"饮食介助程序资料"，所以在"有饮食介助内容记载的指南等"这一条项上只能填写"有"。

但是根据利用者 B 氏的个别情况制作的一页流程资料能否就认为该介护机构具有确保全体利用者的饮食介助服务质量的制度，这就相当值得怀疑。饮食介助指南是展示为进行饮食介助而需要的标准性过程，包括了各过程中的应注意事项以及介护要点等内容。对个人的流程资料是其个人的特殊介助流程资料，流程资料中与标准性过程有着不同的内容。职工共享信息进行实践，并随时进行指导及流程资料的修改，这样的体制才会促进服务质量的提高。

但在调查员研修中强调最多的注意事项就是调查员的作用是只对事实进行确认，而不是指导和评价。因不能进行指导和评价，就不能追究资料内容。例如，介护机构有"饮食介助程序资料"，那调查员就只能填写"有"。

在对制度化进行的研究工作中，从质量评价制度转变为信息公开制度的原因是什么?是否是因为作为对停滞不前的第三者评价进行反省，为了通过义务赋予而力图"服务质量的标准化和提高"所以对介护服务评价方式进行了探讨?通过确立介护服务自立支援效果，即 outcome 的评价手法并公开评价结果以有助于介护利用者的选择，这个目的用该资料中公布的

“有”或“无”是无法达到的。对于与指导监督和第三者评价类似的条项，我认为出示该资料的存在只能确认其运营基本标准的遵守情况。但利用者所期待的信息不是运营基本标准的遵守状况，而是服务质量如何。

基于2006年的《介护保险法》修改开始实施的信息公开制度被规定为介护服务机构义务的同时，其实施费用由介护服务机构自己承担。信息公开计划标准日一年前的介护报酬支付实际金额在100万日元以下的介护服务机构成为制度外对象，但这些介护服务机构的服务质量是否真的就可以置之不问？因为费用负担而产生信息公开制度的例外情况，这个制度就不能说是有助于利用者选择的制度。

⑤评价的责任从国家转移到都、道、府、县

自2004年厚生省对都、道、府、县知事发出通知[①]后，就开始在都、道、府、县政府推进设立福祉服务第三者评价工作推进组织（以下简称“都、道、府、县推进组织”），随着在2008年下半年广岛县的设立完成，全国全部都、道、府、县的推进体制都得到了完善。从此，自2011年起，由国家发起的福祉服务第三者评价工作变成了由各都、道、府、县按照上级规定的指南开展工作。进行指南制作的是全国推进组织的全社协。评价基本标准项目指南参考了至今为止作为自主措施开展评价工作的都、道、府、县以及大城市的评价基本标准，国外的评价基本标准以及ISO等品质管理基本标准。这个指南的有关通知依据《地方自治法》第245条之4第1项的规定被作为技术性建议，因此没有强制力，在实际运用中有些都、道、府、县仍使用独自的评价项目。作为采取有助于福祉服务质量的公正且恰当的评价措施的这一国家责任，只局限在了制定评价工作的推进体制和评价的基本标准指南，而把评价工作的顺利实施交给了都、道、府、县政府。

2008年3月发布的全社协《第三者评价实践指南》似乎也是对全国各

① 「福祉サービス第三者評価に関する指針について」雇儿发第0507001号、社援发第0507001号、老发第0507001号，2004年5月。

种措施的总结。第一，第三者评价构成体系是自我评价、利用者调查、第三者评价人员访问调查的这种流程；第二，自我评价例举了经营层和职工每人的评价汇总；第三，对于利用者调查举例说明了问卷方式、问答方式、现场观察方式。在实施自我评价和利用者评价的基础上，再由第三者评价人员进行访问调查的第三者评价流程是外部调查和都、道、府、县至今为止始终在实施的措施，而第二和第三就是东京都的评价手法内容，也可以认为被当作了参考。

东京都从1999年开始研究福祉服务评价，在2002年设立了评价推进机构，因此制度化早于国家规定。东京都的制度充分利用了日本经营品质奖的事业评价体系，由经营层和一般职工自我评价，旨在吸取介护利用者意向的问卷调查方式、问答方式、现场观察方式等三个调查方式，第三者评价人员访问调查这三者组成。特别是利用者调查中的场面观察方式是专为如认知障碍症高龄者和重度身心障碍儿童患者一样无法明确地传达自己意见和意向的介护利用者而开发的调查手法。

表3—1　福祉机构和评价机构数量、评价件数的比较

地区	福祉机构总数①（高龄者、残障者、儿童）	介护保险指定机构②总数	第三者评价机构总数	评价公布件数③
东京都	3 154	600	132	9 152
爱知县	2 025	421	12	326
千叶县	1 638	360	22	255
大阪府	1 169	576	16	221
北海道	1 272	547	11	57

① http://www.jichitai.com/top/1469.htm.

② http://www.stat.go.jp/data/nihon/zuhyou/n2002500.xls 统计局各都道府县介护保险指定机构。

③ 各都道府县的评价机构数量和评价公布的件数已在上述网页中得到确认。东京都的公布件数中包含了认知障碍症专业养老院的第三者评价件数，但其他道府县的公布件数中不包含认知障碍症专业养老院的外部评价件数。因是自制度开始实施后的累积数量，不能做单纯的比较，但即使如此，从东京都的件数上仍能看出，与其他道府县相比东京都进行了积极的推进。

都、道、府、县推进组织的工作中包含评价机构的认证、评价标准的制定以及评价人员的研修等。现实中，申请认证的评价机构数量在自治体之间存在着很大差别，东京都有 132 所，但很多自治体只有 1～2 所，都、道、府、县社会福祉协议会作为评价机构开展评价工作的状况也为数不少。[①] 此现象的背后也存在着辅助金制度的影响。介护服务机构所需评价费用为 30 万～60 万日元，但通过辅助金制度，东京都的介护服务机构的自我负担额只有 2 万～3 万日元。我们没发现其他都、道、府、县有辅助金制度，大城市中实施过辅助金制度的自治体有横滨市和川崎市，因此只限于很少的城市。东京都的福祉机构数量也是全国第一，即便如此，评价机构的数量与其他道、府、县相比还是有非常明显的差距。在广岛县和宫崎县，2009 年以前的评价结果公布数量为 0。东京都的评价件数比其他都、道、府、县的总和 2 203 次还要多好几倍（见表 3—1）。自治体之间格差明显的原因来自于评价是指导性规定、鉴于制度前的自主性措施而认可都、道、府、县的灵活性运营、辅助金制度的影响三个方面。希望评价业务上的差别不要造成服务质量上的差别。

⑥国家的作用只是公布

《社会福祉法》第 75 条之 2 规定国家及地方公共团体为了使具有利用福祉服务意愿的人“得到必要的信息”而必须努力地采取必要的措施，规定了国家实施信息提供措施的努力义务。但正是因为数据不全面而导致福祉服务第三者评价的公开结果无法有效地成为有助于选择的信息。作为解决措施，在“独立行政法人福祉医疗机构”拥有的“福祉保健医疗信息网络系统”（以下称为“WAM NET”）中构建了“福祉服务第三者评价信息系统”，但遗憾的是无法看到全国的评价结果。东京都、京都府、富山县等一直以来实施着独自的已有措施，也独自运营着评价结果

① 都、道、府、县社协的每个自治体基本上都接受了作为评价机构的认定，评价机构中不包含社协的自治体只有群马县、新潟县、长野县、滋贺县、京都府、奈良县、鹿儿岛县 7 个地方。

的公布网站[①]，东京都的公布数量已超过了9 152件[②]。但是WAM NET中的评价结果件数为0的都、道、府、县也有16个，第三者评价结果的总数只有2 203件[③]，因此在现阶段还难以运用WAM NET对全国的福祉服务质量进行比较研究。

“信息公开制度”是否能成为国家的信息提供制度，基于2006年《介护保险法》修改而开始实施的“信息公开制度”，其公布网站由各都、道、府、县负责运行管理，在Silver Services振兴会运营的介护服务信息公开支援中心网站上有链接。自2012年起的介护保险制度内容修改中，政府将对公布网站实施一元化管理，调查的义务规定和手续费等则由各都、道、府、县进行判断实施。在东京都，如同第三者评价一样，都政府负担手续费，调查对象是新建介护服务所，以及6年一次由都政府划分的该当介护服务所调查对象。神奈川县则是由介护服务所承担费用，规定调查频率是3年一次。在千叶县，县政府直接对新建介护服务所以及县政府认为有必要的介护服务所实施调查，费用也由县政府承担。而将调查的实施委任给都、道、府、县政府的中央政府只负责管理信息提供网站。

作为与外部评价的协调，认知障碍症集体养老院和小规模多功能型居住介护服务机构在2008年之前被作为“信息公开制度”以外的对象，但从2009年度起也成为了评价对象。因此，这两种介护服务就有了接受外部评价和“信息公开制度”两个评价的义务规定，而作为福祉服务又具有第三者评价的努力义务规定，所处状况比较复杂。因此，政府采取了减轻该类介护服务机构负担的措施，将住址、职工人数以及最多容纳人数等基本信息统一为“信息公开制度”的项目，取消了外部评价中的同类项目，另外还采取了在同一天实施“信息公开制度”调查和外部评价调查的措施。

制度的复杂性也给想获取信息的介护利用者带来了影响。因为介护利

---

① 东京都「とうきょう福祉ナビゲーション」、富山县「サンシップとやま」，其他是推进机构和县的福祉服务第三者评价网站。

② 也包含了地区紧密型服务件数（1 591件）。

③ 2012年3月15日最新更新数据。http：//www.wam.go.jp/wamappl/hyoka/003hyoka/kyokanri2.nsf/aHyokatop? OpenAgent.

用者必须从介护服务信息公开中心的网站①、WAM NET等几个网站收集信息。因此，在这种信息公开的状况下，难以说利用者可以轻易获取所需的信息。

另外，公布信息是否就是有利于福祉服务意愿者找到需求的信息，如果通过至今为止的信息公开能形成所有介护服务机构都根据调查项目完善工作指南和规定并实施研修及召开会议的这种体系，那么所有的介护服务机构都会达到所规定的标准，“信息公开制度”也就为此做出了贡献。然而，虽然从所公布的信息中能确认该介护服务机构达到了规定标准，但介护利用者依然无法找出所需求的质量高的介护服务机构和发现质量低的介护服务机构（参见表3—2）。

表3—2　　评价制度的概要比较

区分	福祉服务第三者评价	介护服务信息的公开	地区紧密型服务评价（GH②的外部评价）
管辖所属	厚生省 社会·援护局	厚生省 老健局振兴课	厚生省 老健局计划课
制度体制的推进主体	全国社会福祉推进会	Silver Services振兴会	认知障碍症介护研究·研修东京中心
开始时间	2001年	2006年	2002年
义务规定	任意	义务	义务
对象	全部福祉服务	介护保险指定服务	认知障碍症专业养老院 小规模多功能型居住介护
评价实施主体	都、道、府、县	都、道、府、县	都、道、府、县
评价机构	都、道、府、县认证的福祉服务第三者评价机构	都、道、府、县指定的认定调查机构	都、道、府、县选定认知障碍症专业养老院外部评价机构

① http://www.espa-shiencenter.org/preflish.htm.
② 全国认知障碍症高龄者专业养老院联络协会。

续表

区分	福祉服务第三者评价	介护服务信息的公开	地区紧密型服务评价（GH 的外部评价）
评价目的	（1）把握每个经营者在业务经营上存在的具体问题，促进服务质量的提高 （2）信息旨在有助于利用者做出恰当的服务选择	有助于利用者的选择（比较研究）	（1）使入住者及家属的安心和满足 （2）维持一定水平以上的介护服务质量 （3）明确改善要点，促进为实现改善的相关人员的自发努力和体制建设 （4）通过持续的实施评价，期望达到通过相关人员的自发性研修而促进提高介护质量的教育效果
评价过程	・自我评价 ・利用者采访（也有问卷方式） ・访问调查（第三者评价人员）	・基本信息：自我申告 ・调查信息：访问调查	・自我评价 ・家属问卷调查 ・访问调查（外部调查）
公开义务	任意	义务	义务

资料来源：作者根据认知障碍症高龄者专业养老院服务评价指南集（2004 年版）、全国社会福祉协议会的福祉服务第三者评价指南、介护服务信息的公开制度 Q&A 等资料整理制作。

2. 对认知障碍症患者的介护质量的评价

①对认知障碍症高龄者集体养老院的服务评价

一直被看成认知障碍症介护重要方式的集体养老院在 20 世纪 90 年代从北欧引入，并于 1998 年得到制度化，这是在介护保险指定服务中唯一项针对认知障碍症患者的服务。从以无法应对认知障碍症周边症状为理由而一直被拒绝入住养老院和提供介护服务的认知障碍症患者的现状出发，社会对认知障碍症集体养老院的扩大充满着期待。“黄金计划”中制定了至 2004 年建设 3 200 所认知障碍症集体养老院的目标，但在确保充分数量之前就有了对介护质量的担忧，并开始采取了确保介护质量的措施。

厚生省计划从 2001 年度起实施自我评价、2002 年度起实施外部评价等义务规定①，当时的全国认知障碍症高龄者集体养老院联络协会②（以下简称“GH 协会”）通过 3 年的试点构筑了评价体系。当时的 GH 协会认为，增加认知障碍症集体养老院虽令人欣慰，但是在无法确保介护服务质量的情况下力图量的扩大会存在着各种危险，因此应采取措施构建以介护服务机构经营者为中心，行政、地区相关人员以及利用者家属共同确保和提高质量的体系。1999 年与横滨市共同进行试点，2000 年得到社会福祉法人浴风会高龄者认知障碍症介护研究研修东京中心（以下简称“东京中心”）的委托继续实施，2001 年度开始实施自我评价，2002 年度开始实施外部评价。

对于因 2006 年的《介护保险法》修改而新设的小规模多功能居住介护服务，在制度化之前就开始了评价工作的探讨。在实施托老所及认知障碍症专业养老院全国范围的试点（2004 年度及 2005 年度）之后，以认知障碍症集体养老院和小规模多功能型居住介护服务为对象的地区紧密型服务评价在创立的同时就开始了实施。

无论在认知障碍症集体养老院评价的试点报告③中，还是在地区紧密型服务评价的网页④上，都显示着从事认知障碍症介护的一线经营者始终在实施着自主性评价。但尽管是自主性措施，在与开始试点业务同时期，厚生省发出了关于实施评价的通知。因为是紧急通知，都、道、府、县来不及实施外部评价，因此在截至 2005 年 9 月的措施缓冲期间，由东京中心以全国的认知障碍症集体养老院为对象实施了外部评价。与其说是厚生省急于发出通知，不如说是因为在 1999 年制定的认知障碍症集体养老院运营基本标准⑤中含有评价的义务规定因而发出通知并委托给东京中心。如前

① NPO 全国认知障碍症高龄者集体养老院协议「痴呆症高齢者グループホーム評価調査員研修テキスト～第三者評価に向けて～2001 年度版」2002 年，P. 2。

② 现在为公益社团法人日本认知障碍症专业养老院协会。

③ NPO 全国认知障碍症高龄者集体养老院协会「グループホームのケアサービスの質の確保への挑戦」2000 年，P. 11。

④ http://www.hyouka-de-go.net/chiiki/summary2201.html.

⑤ 见第 163 条第 6 项“指定痴呆対応型共同生活介護の質の評価”。

所述，运营基本标准是必须遵守的，如果达不到标准则会成为业务指定取消对象。尽管需要基于都、道、府、县规定标准来实施自我评价以及由外部机构实施的评价，但由于都、道、府、县的工作进展缓慢，于是厚生省制作了作为指南的评价体系并促进了评价的实施。

为什么在确保服务数量之前就急于服务评价的制度化，其背后有着对认知障碍症高龄者存有偏见而进行压抑和约束的这一社会背景。患有认知障碍症后，因认知功能的下降会出现对人及物的错误识别，出现无法实现自我意愿的现象。介护者只看到错误而不断地进行修正，但因认知障碍症高龄者对自己的认识错误并没有意识，有时就会与介护人员产生摩擦。总之，因为认知障碍症而无法准确传达自己的意向，就难以诉说自己的困难和进行咨询。另外，由于认知障碍症患者记忆力下降，即使有些不满也在诉说前就已经忘记了。此外，还存在与介护人员之间进行事实确认时会出现误解等。比如，不提供饮食相当于放任虐待，但有时是认知障碍症高龄者忘记了已经吃过饭。所以，可以认为这些都是为确保认知障碍症高龄者的介护质量而必须由外部机构实施评价的原因。

至 2004 年设立 3 200 所认知障碍症集体养老院的目标很快在 2003 年度末就被实现，并达到了 4 585 所，现在有 11 546 所（2012 年 2 月）。但还不能说这个认知障碍症集体养老院的数量已经很充分。2025 年的认知障碍症高龄者数量预计将达到 320 万人，而且认知障碍症集体养老院的建设还存在着巨大的地区差异，预计高龄者人口今后还会增加，在大城市东京都只有 447 所，这就需要今后同时推进介护服务的量性扩大和质量的提高。

②外部评价是否对认知障碍症介护的质量进行了有效评价

外部评价条项是从义务规定的自我评价项目中抽选出的项目，形成了介护机构对机构管理人员与职工达成的机构认识和来自外部评价之间出现的认识差距进行思考的契机。制度开始实施时，从自我评价的 134 条项目中选出 71 项，以在已做到的项目上画圈的形式实施评价。2008 年，从自我评价 87 条项目中抽选 30 条作为外部评价项目，并改为以填写实际措施的形式进行评价。2009 年，更减少到从自我评价的 55 条中抽选 20 条，评价形式改为提交目标达成计划。评价的次数也从当初每年一次的义务规定变成现在的只要满足规定条件则 3 年评价一次。

从外部评价的结果中是否能看出认知障碍症集体养老院的介护质量呢？2006 年 3 月出现了因不适当介护、虐待及虚伪报告而被取消服务指定的认知障碍症集体养老院。该养老院在 2005 年外部评价中的介护服务有关特记事项中曾被指出“语言用词上存在着需要指导的一面，入浴时间和次数需固定”，但 71 项评价条项中达成项目是 65 项。按照当时的一些研究，达到 65 项属于排名靠前的达成状况。虽然该养老院存在着让利用者在走廊面墙就坐、身体没有不适仍不让入浴等事实，但外部评价并未指出。因此，无法发现如此重大事实的评价不能说是做到了对介护质量的有效评价。

外部评价由几名访问调查人员平均滞留 5 小时进行实施，除去指南、资料检查、答疑、职工询访、填写及会议等之外，参观时间只有 1.5 小时，实际进行介护服务观察的只有中午一起午餐的时间。在这有限的时间内对所有项目进行确认绝非轻易就能做到。时间有限的原因是担心给认知障碍症集体养老院增添负担，但在作为试点对象的认知障碍症集体养老院职工问卷调查中就曾有过希望花费更多时间观察介护服务职员现状、可能的话对夜间情况也进行观察的要求。

在包括东京都在内的部分都、道、府、县中，曾与第三者评价同时推进使用独自的评价手法对认知障碍症集体养老院进行评价。是否实施评价是依据运营基准的义务规定，但根据《地方自治法》的规定，评价具体内容的相关通知属于技术性建议，因此，也认可根据独自的评价手法实施评价。

对于依据第三者评价制度实施的认知障碍症集体养老院评价的东京都，在 2007 年 12 月“介护质量及评价体系研究会”召开的第 2 次学习交流会中，接受评价一方的认知障碍症专业养老院院长提供了一些话题。宇留野彩子氏①就认知障碍症集体养老院的评价做了以下发言。

---

① 现职为千住介护福祉专业学校的教务主任（当时为社会服务法人 SUKOYAKA 福祉会的认知障碍症集体养老院部部长）。

对“第三者评价是否提高了认知障碍症集体养老院的介护质量”这一提问的回答是有条件的 Yes。作为认知障碍症集体养老院，接受评价并实施介护现场改善的措施，对指出未能达到的事项进行原因分析，对于课题则制定具体的解决方法，设定计划项目并采取措施，在 10 月份和 3 月份通过综合监控确认实施的状况。因为必须时常意识到“评价项目展示着认知障碍症集体养老院的应有状态”而进行服务支援，所以也让副职领导通过填写自我评价表格以加强认识。

但是评价项目每年都会发生变化。我们对去年被指出的问题采取了改善措施，但今年的评价项目内容发生了变化，因此已实施的改善措施无法获得评价，处于改善措施赶不上评价项目变化速度的状态。希望评价不要只看现状，而是要通过观察介护服务机构以往的措施和现状再确定将来的努力方向。我们并不期望每次由相同的评价人员实施评价，虽然是根据去年的评价结果制定今年的业务计划并进行实践，但如果不能认清从去年至今年的变化，就会因与去年相同的评价而指出相同的问题。希望专业人员对努力的结果实施评价，并指出哪些方面还具有努力的空间。

评价人员只看是否达到了基本标准，那么由谁来思考基本标准的恰当性呢？希望不是单纯地评价，而是能就在评价过程中发现的政策课题向行政机构提交意见书等，希望评价人员为了改善而做力所能及的工作。比如必须把服务费用一览表在门口粘贴这一基准要求，虽然认为不具备适当性，那是否应该遵守行政的指示。我也曾向行政部门诉说过自己的疑问：“这里是家，是居住在此的 9 名认知障碍症高龄患者的家。你们会把租赁合同贴在自家门口吗？什么才是家庭氛围？为什么必须把费用一览表贴在门口？请告诉我理由！”是否存在评价者能对基准的适当性进行提议的制度？我们期待评价者为实现更好的介护而发挥作用。

另外，每次都被指出“人员的更换过于频繁”，关于这个问题，即使机构采取措施，整个业界也都处于难以确保人才的状态，作为认知障碍症集体养老院的问题被指出来也没有解决方法。相反，对于现在这个状态，我们希望评价人员的协会等组织对行政部门能进行提案和提交意见书。

之后，宇留野彩子氏在谈话中对于外部评价还提出了“外部评价人员指出玄关显得冷清，但那是利用者收拾后的状态，是以哪家的玄关为标准？为什么一定要用花装饰玄关?”“挂钟的位置被指过低，但那是照顾利用者的视线，和利用者商量后决定的位置”等意见。虽然外部评价项目是由介护服务机构一起参与制作的，但好像还是存在改善的余地。

为了评价对认知障碍症高龄者实施的介护是否恰当，希望明确地指出被称为认知障碍症看护的介护是否适当并从这个观点实施评价。如同高龄者介护从集团介护发展到个别介护一样，认知障碍症介护在这 30 年中也发生了不断的变化。以前认为对认知障碍症高龄者错误行为进行修正就是介护，但现在则是要理解认知障碍症高龄者具有怎样的认识、需要认可认知障碍症高龄者的认知对其本人来说就是现实①的这一事实等，认知障碍症介护的概念在不断地发生变化。以往认为用带锁连身衣的身体约束是不得已的介护行为，虽然带锁连衣服可以防止脱衣及玩弄大便的行为，但这并无法消除想脱衣时的不舒适感及要清扫大便时的心情，了解这些后，介护就转变为要理解出现这种行为的原因，并通过这些行为理解本人想要传达的信息。介护质量的评价技术也应该随着已发生变化和改善的介护思维而进行转变。

3. 有助于提高介护质量的评价体系

①面向三个制度的统合

在进行介护质量评价时，对于一种服务是否需要两种以上的评价制度？如果目的不同，则根据目的使用不同的评价更为恰当。各制度正如上述说明的那样，第三者评价和外部评价的目的是提高质量，“信息公开制度”的目的是有助于介护利用者的服务选择。从表 3—2 中总结的三制度的概要中来看，似乎目的不同，但是在对提供的服务实施评价而掌握问题并

① Validation：与阿尔茨海默型认知障碍症以及类似的认知障碍症的高龄者进行交流的方法之一。http://www.clc-japan.com/validation/index.html.

根据改善计划进行改善、对于实施结果进行再评价以促进服务质量提高等方面是共通的。而且如果通过结果公开有助于利用者的选择，则也可以考虑将三个制度进行综合运用。上述 2009 年 3 月的厚生省通知也推进了外部评价和公开制度在同一天的调查实施，因此就需要与外部评价机构相同的信息公开调查机构进行实施。在现在的石川县，使用包括所有有关介护服务的介护服务信息公开调查项目在内的第三者评价，进行着将公布制度和第三者评价制度进行统合后的制度运营。

即使将三个制度的推进机构、实施机构以及实施评价（调查）人员的主要条件进行比较，也未发现有很大差别。实际上，成为三个制度的实施机构，以及作为三个制度的评价（调查）人员而登记在册的评价（调查）人员也为数不少。从同样的机构派出的同样的人，只是调查项目和调查方法不同而已（见表 3—3）。

那么，三者在项目中究竟有哪些不同？三者具有共通的组织理念和运营有关项目，对实施恰当服务体系的确认也相同。外部评价由对服务的特征进行评价的项目构成，用文字来表述实施的措施，因而成为利用者容易想象的文字信息。外部评价项目中没有而信息公开项目中有的是职务权限规定、对咨询及意见等的应对、个人信息保护方针等，但这些都是确认有无的条项，都是只要确认一次就无须再次确认的条项（见表 3—4）。

表 3—3　　　　评价机构条件和评价调查员条件的比较

区分	福祉服务 第三者评价	介护服务 信息公开	地区紧密型服务评价 （GH 的外部评价）
评价机构的主要条件	·法人 ·有组织运营管理业务 3 年以上经验的福祉、医疗、学者作为评价调查人员登记在册	·法人 ·具有足以公正且准确实施调查业务的会计上的基础以及技术上的能力	·法人 ·确保评价人员 ·设置评价审查委员会 ·其他各不同都、道、府、县独自规定的条件

续表

区分	福祉服务 第三者评价	介护服务 信息公开	地区紧密型服务评价 （GH的外部评价）
评价人员的主要条件	·具有3年以上组织运营管理业务经验 ·具有该业务从事经验3年以上的福祉、医疗、学者等人员	·参加过调查人员培训研修讲座 ·各不同都、道、府、县的独自条件	·参加过外部评价调查员培训讲座 ·各不同都、道、府、县的独自条件 ·各评价机构规定的独自条件
评价人员的研修	评价调查人员持续研修 评价调查者指导人员研修*	调查人员追踪研修	追踪研修

资料来源：作者根据与表3—2的同样资料制作。

*只在全国社会福祉协议会实施，其他两个研修由都、道、府、县推进组织进行实施。

表3—4　　　　评价项目的比较

区分	福祉服务 第三者评价	介护服务 信息公开	地区紧密型服务评价 （GH的外部评价）
评价（调查项目）	Ⅰ 福祉服务的基本方针和组织 （1）理念、基本方针 （2）业务计划的制定 （3）管理人员的责任以及领导能力 Ⅱ 组织的运营管理 （4）经营状况的把握 （5）人才的确保和培养	Ⅰ 介护服务内容的有关事项 ①对于在开始提供介护服务时的有关对利用者的说明及合约等，为保护利用者的权利等而采取的措施（合约及重要事项说明资料上的署名盖章、评估、计划书的署名盖章） ②为确保利用者本位的介护服务质量而采取的措施（认知障碍症介护、隐私保护、排除身体性约束、对于防止虐待完善工作指南和实施研修、与家属的联合、记录的公开）	Ⅰ 依据理念进行运营 （1）理念的共享和实践 （2）经营机构与地区的交流 （3）充分利用运营推进会议的工作 （4）与市、町、村的合作 （5）不进行身体约束的介护实践 （6）利用者及家属等有关运营意见的反映 （7）职工有关运营意见的反映

续表

区分	福祉服务 第三者评价	介护服务 信息公开	地区紧密型服务评价 （GH的外部评价）
评价（调查项目）	（6）安全管理 （7）和地区的交流与合作 Ⅲ 实施确切的福祉服务 （8）利用者本位的福祉服务 （9）服务质量的确保 （10）服务的开始和持续 （11）服务实施计划的制定	③为应对咨询和意见等而采取的措施（应对窗口、指南、应对记录） ④为介护服务内容的评价及改善而采取的措施（介护计划的监管和修改） ⑤为确保介护服务的质量和透明性而实施的与外部机构等的合作（与主治医生的结合、与地区综合职支援中心的合作） Ⅱ 提供介护服务的介护服务机构或养老机构的运营状况的有关事项 ⑥为确保适当的业务运营而采取的措施（道德准则、道德准则研修、业务计划的制作、从业人员对业务计划的参与） ⑦为实施介护服务的经营机构的运营管理、业务分工、信息共享等而采取的措施（职务权限规定、信息共享） ⑧为安全管理及卫生管理而采取的措施（事故发生的预防、对于紧急时期及特殊灾害时期及感染症的工作指南和研修、训练的实施记录） ⑨为信息的管理、个人信息的保护而采取的措施（个人信息保护方针、记录的公开） ⑩为确保介护服务质量而综合采取的措施（研修、利用者等对运营相关意见的反映、工作指南的使用及修改）	（8）对与熟悉的人及场所相互关系的持续援助 Ⅱ 旨在保持本人个性生活的介护管理 （9）把握意愿和意向 （10）由团队制定介护计划及监控 （11）熟悉医生的就诊援助 （12）重症化及临终期方针的共享和援助 （13）灾害对策 Ⅲ旨在保持本人个性生活的日常援助 （14）个体的尊重和隐私保护 （15）为能够愉快用餐而进行支援 （16）为能够自主排泄而实施支援 （17）为能够愉快入浴而实施支援 （18）对日常的外出实施支援 （19）制造安心舒适的公用场所 （20）尽量使居室舒适愉快 Ⅳ成果项目 有关服务成果项目的利用方法

资料来源：作者根据与表3—2同样的资料制作。

②介护服务的运营评价由行政负责，而介护的评价由我们负责

关于监察和评价的区别是这样说明的，监察是对最低标准和法令遵守状况的确认，评价则是对实际服务水准的评价，而表 3—4 的评价（调查）项目中很多是最低基准和法令的相关项目。评价制度在设定条项时参考了美国医生多那比第安（Donabedian）提出的医疗质量评价体系，即Structure（构造）、Process（过程）、Outcome（成果）的三要素。在第三者评价、外部评价以及信息公开的制度化方面实施的研究报告添附资料中也同海外各国的介护服务质量评价一起对此做了介绍，但在介护上运用这三要素是否恰当?

OECD 也在介护质量的范围和见解中对此进行了运用，但海外各国的介护包括了医疗、褥疮发生率和恢复比率等都是成果评价的项目。医疗和看护虽然都是对人支援的服务，但医疗是通过提供确定的医疗技术治疗疾病的过程。也就是说医疗预想的结果是病人得到治疗的状态，治疗过程也具有规定标准。与此相比，在介护中，身心功能和活动则不一定完全一致，每个人每天能做和不能做的活动都不同，对高龄患者的支援方法也是有时可行、有时不可行，很多情况无法判断出特定的相关因素。比如，因阿尔茨海默病而造成认知功能下降的 A 氏身体动作功能正常，能洗脸但不能刷牙，入浴时会拒绝职工 B 或 C 的劝说，但有时会接受职工 D 和 E 的引导。这种情况下，即使想提供标准化的入浴服务也无法执行，这不是构造和过程的问题，而成果本来是用于衡量经济效率和效果，也不合适，也难以从三要素之间的关联性中找出原因。因此，实际的评价项目内容是对运营体系和管理体制进行的检查，只能认为评价制度是为构建介护服务提供结构和构筑介护服务提供过程的一种手段。

最近，有要把介护质量和介护报酬进行联动的研究动向。在 2009 年的介护报酬修改中，通过从改善介护从业人员报酬而提高介护质量这一观点出发的讨论，以及对着重于职工介护认证护工资格保有率等介护从业人员的专业性进行的评价，政府实施了特定介护服务机构费用加算和服务提供体制强化加算等措施。但因是依据需介护度支付介护报酬，如果基于良好的介护使介护服务利用者的需介护度下降，介护服务机构的收入就会减少。相反，如果未能实施恰当的介护而使利用者的需介护度不断上升，则介护服务机构的收入就会增加。为了努力解决这一矛盾，社团法人日本公众卫生协会实施了“关于介护服务质量评价应有方式的研究项目”，其研究报告①在社会保障审议会的介护报酬讨论分会上作为参考资料得到了探讨。这个报告内容是把重点放在对提供高质量服务的介护服务所实行介护报酬加算而进行了介护服务结果指标计算的开发尝试。但是关于需介护度和自立程度，对已是最轻程度的利用者，介护服务机构只能做出正在维持的评价；对于没有预计改善空间的利用者，介护服务机构可能会尽量避免接收，而且无法判断介护结果是来自于服务质量还是来自于利用者个人的身心状况等，由于存在这些问题，根据结果指标计算介护报酬的做法就被搁置了。

减轻需介护度、维持现状、做好预防支援自立这些工作是介护保险制度的目的和介护服务的理想状态。保障介护服务得以顺畅提供的体系是介护服务经营机构的理想运营方式。介护员工的信息收集能力和分析能力、交流技能、介护技术等是职工应具备的资质，而介护就是在充分利用这些资质，在提供介护服务中关注、接受介护利用者并产生共鸣。这是在当今介护世界中提倡的“支援本人个性生活的介护”，也绝不只限于介护保险指定服务。现阶段实施的福祉服务第三者评价和介护服务信息公开制度即使能对介护服务机构的运营状况进行评价，也无法对支援本人个性生活方式的介护进行评价。为了确保介护服务最低程度的介护质量，对于介护服务机构的运行状况由行政部门实施结构和过程方面的评价。而对于介护的质量则由我们当事人进行评价，以促进介护质量的提高。

③介护质量的评价来自于利用者的状态

一直以自己的方式进餐

---

① www.jpha.or.jp/sub/pdf/menu_04_5_05_00.pdf

一直能够穿自己喜欢的服装和用喜欢的方式打扮自己

一直保持居住舒心的自我居住空间

如同往常的自己一样，保持充分睡眠

如同往常的自己一样，保持着与人的关系

如同往常的自己一样，可以向他人说出自己的要求

如同往常的自己一样，今后也继续保持自己的方式……

这就是具有个人风格的生活，介护就是对此进行综合性支援的工作。介护的质量只有根据接受介护的利用者的状态结果进行测量，不是第三者评价，也不是介护服务信息公开，而只有通过利用者的状态才能对提高介护质量的介护实施者实践进行评价。包括本书在内的各种媒体所介绍的先进性介护工作，其共通点就是都发挥、挖掘或恢复了其本人个性的介护。因此这也是跨越界限构建网络、集中创意等对现有制度框架和限制进行的顽强抗争。

DCM[①]（Dementia Care Mapping）在日本也得到了广泛使用，就是把利用者的状态数据化，然后明确与数据相关的职工关系。在以人为本的介护中，这个与职工的关系就是介护，并根据利用者状态结果进行介护服务的评价。以人为本的介护的提倡者 Tom Kitwood 认为应该把患有认知障碍的人作为一个“人”来尊重，站在这个人的角度和立场理解问题并实施看护。他明确指出由于介护者原因而使认知障碍症高龄者损伤了自我个性或陷入了恶性状态，并称这种使恶性质量介护得以实施的是恶性的社会心理。他把 DCM 中被分类为 PD（Personal Detractions）的降低个人价值的行为总结为 17 项，认为是这些造成了利用者的恶性状态（Ill-being）。相反 PE（Personal Enhance）作为能够提高个人价值的行为能满足利用者需求，使利用者处于良性状态（Well-being）。对于无法准确表达自我意向的认知障碍症高龄者，通过观察日常生活状态和把握需求是否得到了满足，明确与介护工作的相关关系，这个方法就是 DCM。

---

① 『パーソン・センタード・ケアと認知症ケアマッピング第7版日本語版第4版』英国布拉德福德大学认知障碍症研究小组、认知障碍症介护研究・研修大府中心监制，认知障碍症介护研究・研修大府中心 2009 年。http://www.brad.ac.uk/health/

以此为启发，什么才应是“支援符合个性生活的介护”，提高本人个性生活的介护具体是什么，怎样才是令人无法发挥个性生活的具体介护等，各介护机构全体职工采取对这些问题进行讨论的措施毫无疑问地会提高介护的质量。有些员工认为只要用周到的语言进行沟通，就不能说是对本人的强制或打断。有些职工也认为对于说话不停的利用者，因为当时没时间说话而无视来自利用者的招呼是良好的工作要领。为了使认知障碍症高龄者实现自己想做但无法实行的行为，有时还会使用“不得已的谎言”。但如果是为了让认知障碍症高龄者按照职工的意图去就坐或饮食的谎言，那就是“欺骗和蒙蔽”的恶性社会心理。这种行为是发挥了还是妨碍了利用者的个性，需要参照结果进行思考。

我们还可以向能明确表达自己意见的利用者询问满意度。因为即使接受相同护理也会因利用者的主观感受不同而出现满意度的差异，所以美国对于有关长期介护利用者实施的满意度调查，也有意见认为只凭借满意度无法对介护的质量进行评价。但是这是每一位利用者对得到品质管理的标准性介护都应该获得满足的一种认识，有关服务体系就是这样。对于一定要在预定的时间实施、进行事前说明、根据商议制作计划等业务体系，标准化实施与满意度是有关联的。

而在另一方面，利用者关于介护过程的满意度不同是理所应当的。那是因为满意度高的介护是使用本人要求的方法实施的介护，这种与本人达成共识并符合本人意向的介护会因人而异。也就是说，从对于介护的满意度中可以了解到接受介护时的舒适度以及与个体性的吻合度。应该说，接受介护期间难以说出不满意见以及出于对介护职工的考虑而不表达对满意度的真实意见等，才是造成根据利用者满意度难以进行介护质量评价的原因。

④对市民进行介护质量评价的建议

在必要时能够接受自己需求的介护服务，可以令人过上安心的日常生活。不要在需利用服务时是才开始思考，而要构建市民参与的介护质量评价体系，要求能够使国民满意的介护质量是市民的权利。在社会福祉基础构造改革中“创造基于居民积极参与的福祉文化”正是因为如此。希望在福祉服务的数量还不足的时代就担负了制度外服务开发和提供非官方服务作用的居民要对今后的福祉服务进行监督、检查，并不断地要求介护服务质量的提高。

Ⅲ实施恰当的福祉服务

Ⅲ-1 利用者本位的福祉服务

Ⅲ-1-（1） 展示了尊重利用者的态势。(理念、基本方针、隐私保护)

Ⅲ-1-（2） 努力提高利用者满意度。(满意度调查和改善对策)

Ⅲ-1-（3） 确保了利用者可以轻松表达意见的体制。(对纠纷及咨询的应对)

Ⅲ-2 确保服务质量

Ⅲ-2-（1） 组织实施了提高服务质量的措施。(实施评价和改善计划)

Ⅲ-2-（2） 确立了每种服务的标准实施方法。(文字化和修改)

Ⅲ-2-（3） 进行了适当的服务实施记录。(实施记录和管理、共享)

※括号内例示了确认项目。

上述内容是从第三者评价标准项目指南中摘选出的关于服务质量的项目。可以一目了然的是，这不是对个人的介护质量的评价，而对各种评价制度项目中共通措施的评价。

另一方面，对介护质量进行评价的具有具体特征性的项目是地区紧密型服务评价中的“对持续本人个性生活的日常支援”的有关项目。这是对被称为是认知障碍症介护关键的认知障碍症专业养老院的“共同介护”实施的评价。与第三者评价最不同之处是对综合性生活支援进行的评价，即并不是对为摄取营养的每天习惯性饮食次数的饮食服务质量进行评价，而是对饮食生活的介护质量进行评价。这个饮食生活包含了介护遗漏的饭前准备至饭后收拾的整个过程。这个评价项目是“作为对能够愉快饮食的支援，在发挥每个人的爱好和特长的同时，利用者和职工一起准备、饮食和收拾”。在东京都福祉服务第三者评价的认知障碍症高龄者专业养老院的评价项目中，也有“为使利用者能够主体性地实施日常生活必需操作而根据利用者的状态实施援助”的项目，对此还包含了“在与饮食相关的系列操作等利用者的生活场面上发挥利用者的主体性和能力而进行支援”这一标准项目。

与认知障碍症集体养老院同时实施的介护，可以认为是对认知障碍症高龄者实施的以认知功能恢复为目的生活康复。无论居住何处、是否为认证障碍症，所有利用者都需要保障自己能决定自己生活的介护。即使是认知障碍症患者，只要施以适当的介护，也能过上自己想要的生活，从这种思考出发而实施能够最大限度地重新构筑生活的介护。由于认知障碍症，老年人逐渐无法做到以往能够自我完成的生活行为，人们以此为由不再允许由老年人自己去完成，而介护就是使这些高龄者逐渐地恢复自发性的生活行为。生活行为遭到制止的不仅是认知障碍症高龄者，以介护操作为中心的介护打断了利用者的生活而只保障了有限的自我决定权。比如能否选择饮食的开始时间、菜单、饮食场所这三项的内容。但自己想要的生活和有个人特色的生活是利用者基于自我决定进行自我实现的生活，在饮食生活上想选择的肯定不只有这三项。应把所有利用者都能成为主人公的介护作为高质量介护而进行评价。

图3—1显示，即使介护工作者理解了自立支援的理念并具备了作为专业工作人员的知识和技术，利用者的生活会也随着实施介护的不同而发生变化。在以介护操作为中心制订计划并以此进行的介护中，利用者被剥夺了自我决定的机会，生活就只是被动的接受。第三者评价可能会对依据工作指南实施的计划性介护进行高度评价，但这不是实现利用者所需求的生活介护。

保障自我决定机会及具有多种选择的介护、对难以自我决定的利用者进行自我决定诱导的介护、不是服务操作流程而是对利用者决定的每天自然日常生活进行支援的介护，这些都能够使利用者的能力得到发挥并能挖掘出其潜在的能力。介护质量的评价必须包含利用者的自我决定权利保障和敦促参与的视点，这些视点才是遵循利用者个性实施介护实践的前提。

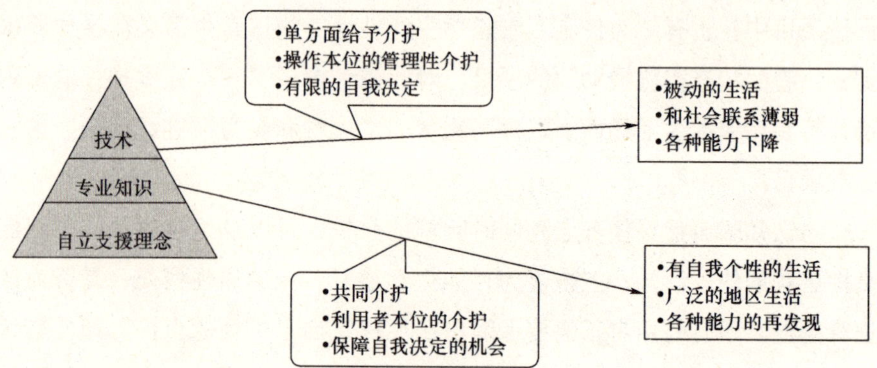

图3—1　根据介护质量发生变化的生活质量和利用者能力

这里列举一下根据以上内容的介护质量评价项目。基本理念中指出了自我决定的保障、根据个性需求实施介护以及能够发挥利用者能力的介护。为了促进介护质量的提高，介护全体职工需要对一个评价项目在实际操作中的介护实践内容具备共同的认识。为了实现这个愿望，也例举了对于饮食生活进行介护质量的评价标准。现在，根据至今未得到介护保险保障的利用者的社会生活权利和社会参加权利而制作评价项目的工作开始大规模进行，期待能通过评价实现介护质量的提高。对于饮食生活进行的介护质量评价（参见表3—5）。

※量性评价：(1) 经常，(2) 大部分，(3) 有时，(4) 从未

※质性评价：(1) 非常优秀，(2) 适当，(3) 需要努力，(4) 需要改善

表3—5　　　对于饮食生活进行的介护质量评价

评价项目	量性评价	质性评价
1. 自我决定的保障		
①想吃的食物、获取材料的途径、烹调、饮食场所和时间、一起进餐的人员、饭后收拾等，对以上都保障了自我决定权。	(1) (2) (3) (4)	(1) (2) (3) (4)
②提供有关烹饪书籍和电视烹饪节目、时鲜和节气相关食品的话题，利用超市传单和食材快递商产品图册，提供各种选择。	(1) (2) (3) (4)	(1) (2) (3) (4)
③告知可以自由决定和不可以自由决定的事项，同时敦促自我决定，努力提高促进积极性。	(1) (2) (3) (4)	(1) (2) (3) (4)

续表

评价项目	量性评价	质性评价
④如果利用者难以表达，则在交流中察知利用者的意向并为其代言。	(1)(2)(3)(4)	(1)(2)(3)(4)
⑤为能实现自我决定的饮食方式，进行人员配置调整和作用分工等。	(1)(2)(3)(4)	(1)(2)(3)(4)
2. 尊重个性的介护		
①作为利用者饮食生活上的个性，把握其饮食习惯、用餐规率、食物讲究、嗜好食品和喜恶等。	(1)(2)(3)(4)	(1)(2)(3)(4)
②实施着个体介护，使利用者能够常去的食材购物处购物、能用习惯的烹饪方法烹饪、能够享受嗜好食品。	(1)(2)(3)(4)	(1)(2)(3)(4)
③实施着个体介护，菜单、食材、烹饪方法、烹饪者、餐具、装盘等，尊重这些饮食生活中应注意的讲究。	(1)(2)(3)(4)	(1)(2)(3)(4)
④根据需要实施着个体介护，在考虑利用者喜好的同时，对具有营养的配菜提出建议，对偏食进行调整等。	(1)(2)(3)(4)	(1)(2)(3)(4)
⑤实施着个体介护，在预测饮食生活中与有关人员关系的同时，努力营造良好的关系。	(1)(2)(3)(4)	(1)(2)(3)(4)
3. 能够发挥利用者能力的介护		
①实施着引导能力发挥的介护，通过倾听和讲述利用者的爱好来引导想起菜单的能力，通过观看乡土菜的照片和视频以及烹饪场面，使利用者重新想起烹饪方法。	(1)(2)(3)(4)	(1)(2)(3)(4)
②实施着恢复自信的介护，观察利用者的饮食生活行为，如能自己做到就对本人进行告知，促使其自身察觉能力的恢复。	(1)(2)(3)(4)	(1)(2)(3)(4)
③实施着提高积极性的介护，推进利用者擅长的烹饪和擅长的作业，在烹饪制作中促使他们根据喜好进行参与。	(1)(2)(3)(4)	(1)(2)(3)(4)
④实施着包含着创造良好硬性环境和氛围创造在内的介护，调节厨房工作台的高度，改善烹饪用具，以创造硬性环境，同时制造愿意参加烹饪制作的氛围。	(1)(2)(3)(4)	(1)(2)(3)(4)
⑤实施着这种介护，即在持续参加烹饪制作的同时，根据手的灵活程度安排兴趣活动等。	(1)(2)(3)(4)	(1)(2)(3)(4)

结束语
向保障介护质量的社会进发

● 安达智则

我想传达一点。

走过了。重视保护居民感到美丽场所的真鹤町①，从街边的地藏佛也能看出《创建美丽街区条例》的作用，地藏佛与地区融为一体坐落在路边。我在海边漫步，嘴上念叨着“能否制订介护质量提高的街区创建条例”。

看到了。前去了轻老认知障碍症患者的聚集地 JOINT，买了写有“笑”字的信纸、文具整理箱和墨绿色杂物筐，把它们放在了书桌前，盯着它们构思稿件。

听到了。据说临近特养“风之村”的保育园里的孩子们来到后，老人们都笑口常开。说到这些，机构负责人洋溢着温柔的微笑。“孙辈约会”是否真的能让老人们变得幸福呢?

---

① 比小田原稍远些的真鹤町由于制作《创建美丽街区条例》而受到了自治体有关人员的密切关注。

介绍了。介绍了足立区柳原地区，和韩国的社会福祉·家庭论的研究者一起参观了小规模多功能急性期医院、康复医院、老人保健设施。年长的韩国研究者看起来走得有些疲惫，但我并没有说“您辛苦了”，而是鼓励道：“我们要迎接人类前所未有的2050年问题，为实现高质量的高龄者福祉而一起面对挑战吧。”

1. 福祉国家的介护质量提高措施

海外的福祉国家为应对“介护质量的保障（提高）”都采取了哪些措施？应对超高龄者社会是每个国家共同的烦恼。

我们来参考一下牛津大学编纂的《福祉国家手册》①。这个《福祉国家手册》是一本876页的宏大著作（共8篇47章），我关注的原因是此书把“介护”放在了福祉国家分析的第一章。

《福祉国家手册》作为福祉国家的以领域区分的政策，刊载了以下12项。

“社会性支出和收入”“退休金”“健康·医疗”“介护”“劳动灾害·扶助”“残障”“失业保险”“积极的劳动市场政策”“社会援助（生活保护）”“家庭扶助·家庭服务”“住宅”“教育”12个项目。

令人特别有兴趣的是，在福祉国家政策中加入了“住宅”和“教育”，并含有“家庭扶助·家庭服务”，以及“介护”被作为独自的政策等内容。

这里的“介护”（原题是“LONG -TERM CARE”）被理解为“成为福祉国家关键的重大事项”，以下是它的概要。

福祉国家的介护模式中有公共服务的北欧模式和南欧的家庭模式。最近几年，德国、日本、法国不是依靠家庭，而是开始了关于公共责任的改革。对于介护的公共支出在不断增加。另一方面，民间提供的介护服务也在增加。

---

① AUGUST OSTERLE，HEINZ ROTHGANA《CHAPTER 26 LONG -TERM CARE》，《The Oxford Handbook of THE WELFARE STATE》（OXFORD UNIVERSITY PRESS），2010年，P. 378～390

在家庭介护力度减弱的情况下，介护需求却在不断增加。很多国家在摸索着新的战略。

介护政策必须考虑“家庭介护”“非营利·盈利要素”，以及“移民介护”。一直依靠妻子和儿媳的家庭介护力度的减弱，对策、志愿者的有效利用和其组织的扩大政策，作为消费者购买介护（cash-for-care）的促进和管制，南欧及中欧各国移民劳动者增加造成的介护服务规模扩大等，我们面临着以上的问题。

为了提高介护的质量，需要建立质量监控系统。另外，也必须提高利用者的满意度。

福祉国家的介护政策中存在高龄社会中提供质量高且量性充足的服务，以及具备能够持续发展的财政基础等课题。作为公共责任，福祉国家要努力发挥“人性回归·再私人化”（re-individualization）和“家庭回归·再家庭化”（re-familiazation）的作用。

OECD也进行着介护政策方面的国际比较，对30个加入国中的19个国家的介护政策（2001年至2004年）进行了调查研究。2005年发表了报告书《高龄者介护》报告书（以下为OECD报告书）。

这个OECD报告书的关注点是由政府实施的介护服务改善措施，在第4章《介护质量的监督和改善》[①] 中得到了总结。从分析角度提出“监督”是因为在许多国家介护质量的下降已经成为问题。

我把从OECD报告书中获得的信息整理为以下五项。

①利用法律制度将介护标准化和促进提高的事例

·1997年《高龄者介护法》（澳大利亚）、2000年《介护标准法》（英国）、2002年《介护质量保障法》（德国）、《介护福祉机构改革法》（美国）。

②介护工作现场的改革措施

·受过教育且技术熟练的护工的招聘、雇用以及能力提高。

① 《高齢者介護——Long-term Care for Older People》OECD，浅野信久翻译、新社会体系综合研究所，2006年。

·介护管理者的技能提高（加拿大、日本）。

·通过介护服务评价进行改善（澳大利亚、韩国、美国）。

③减少日本的“身体约束”和美国的“赔偿申请件数”这一课题是特别备注事项

④对介护质量恶化的改善对策

·澳大利亚和英国通过认证机构和介护监察委员会对服务提供者进行监督。

·德国、日本、新西兰、澳大利亚、英国等通过国家标准（介护机构的职工比率和居住面积等的机构标准等）力图保障服务水准。

·挪威、瑞典的自治体实施服务品质管理。

⑤转用医疗模式，提出“构造”“过程”“效果”的视点

·“效果”的主要指标是如“褥疮”“经管营养的普及率”“跌倒次数”等身体健康上的改善。

·“构造”是指“建筑物的质量”。“结构”正如文字所示，指的是硬件基础设施，以“居住环境的舒适度”“房间的宽敞度”为指标。

·“过程”，如“转院、出院的管理”“入居者对介护计划的评价程序”“营养充分均衡的饮食”等，主要以机构介护的内容为指标。

德国除《介护保险法》之外还制定了《介护质量保障法》。今后，制定保障介护质量的法律也有可能成为日本的课题。但对介护质量进行的国际比较研究调查还不多，实际上这方面的研究才刚开始起步。①

---

①　参考文献是《ヨーロッパの介護政策》、松本胜明、Minerva书房、2011年，《ドイツ社会保障論》中的《第9章/質の確保》、同上作者、信山社、2007年，介绍了中国、韩国、中国台湾地区的介护保险制度的增田雅畅编著的《世界の介護保障》、法律文化社、2008年，介绍英国、德国、日本介护政策的舟场正富·齐藤香里的《介護財政の国際的展開》、Minerva书房、2003年。

2. 改善介护质量的三个视角和三个领域

为了改善介护质量，在此提出三个视角，我们该怎样做才能不断地促使介护的范式转换?

①人在无论何时都能够成长（介护的自由权领域）

人在任何时候都可以成长，在此提议用介护的力量培育这种能力。

至今为止，由于介护保险受到了财政性的制约，人们几乎忘记了介护的自由。

不是金钱方面有优势，而是散步的自由、去购物的自由、和朋友聊天的自由，自由可以使人更加舒展。无法自由伸展的人生不可能具有发挥能力和吸取文化的余地。

以人为本的介护在实施认知障碍症介护的英国、澳大利亚、新西兰都已得到普遍认可。通过笑声、戏剧、绘画等创造性的活动，对认知障碍症患者进行介护，使老人的心情状态变得愉快。

对个人进行的各种重复激励（有意识地提高介护质量的介护）会使个人持有的能力表面化。

为了推广这种措施而改变介护的思考方式，就会出现以下课题：(1) 把高龄者三原则中的“残余能力”改变为“能力创造・能力获得原则”。(2) 站在新的视点制订“能力创造计划”。(3) 为了促进 (2) 中的“能力创造计划”，也进行介护保险制度改革，对取得良好成果的介护计划和成为介护服务所收入的“报酬”实施财政性支援，并为此开发评价手段。

②无论成为任何状态都要保障社会参与（介护的社会权领域）

● 外婆不识字

我外婆在 1986 年时去世，享年 81 岁。她出生于鹿儿岛县德之岛，一般情况下，小学毕业后开始从事织布工作，因为是九弟妹的老大而不得不负担起家庭收入担子，之后又碰到了战争、避难、离婚和子女养育等难题。

最终，外婆和同岛的同乡一起移居到了宫崎市，边织布边养育子女。经过了长年的辛苦劳作，80 岁时因脑溢血倒在了自家的水井旁边，整整两天的时间无人发现。等到发现时，虽还有气息，但已丧失了记忆。对于成为植物人的外婆，最后母亲在床边说："医生，可以了"，我站在一旁听到了。

外婆识的字很少。我在小学时曾教外婆使用收音机，外婆竟然哭了。为什么哭，我至今不知道。仔细想想，知道外婆读不懂使用说明书，而教给外婆的我是孙辈，可能因高兴而哭。

第二次世界大战结束时，外婆 40 岁，能去参加选举时已经超过了 40 岁。虽然能从收音机里收听政见广播，但不能通过阅读理解选举公报。

遗憾的是，外婆对于社会事态的"知情权"没有得到保障。

●"投票难民"是社会的责任

老年人中出现了"投票难民"，有田浩子氏在连载文章《高龄者的投票权》(《每日新闻》，2010 年 7 月 5 日至 7 日）中对此进行了控诉。

由于推进市、町、村合并，投票所也随之或消失或合并，离投票所的距离变远也是产生"投票难民"的原因。

城市中也存在"投票难民"。去投票所的过程非常辛苦，有些老年人因曾患有脑溢血出现肢体麻痹而无法开车。距离最近的公交车站每隔 50 分钟才有一趟班车。有些自治体规定，只有身体残障者才能利用福祉出租车，因此老年人无法使用。花费 1 500 日元坐出租车去投票所投票，这不能说是保障了政治参与。[①]

身体残障者可以在家中进行投票，但手续繁杂。150 万人的利用者对

---

① 衫田聪的《買物難民》（大月书店、2008 年）对介护政策带来了很大的影响。在从 2012 年 4 月开始实施的"第 5 期介护保险对象事业计划・高龄者保健福祉计划"（足立区）中，作为新事业内容加入了针对"购物难民"的对策。即促进从商店街进行必需品的派送等，自治体向前迈出了一大步。在《買物難民》开头写到："为买一块豆腐必须乘坐公交和出租车，为什么会这样"，这个感叹同样也是"投票难民"的感叹。

象中，似乎进行邮寄投票的只有约 2%。

另外，特养和养老院的老人们即使不去投票所，也可以在机构内投票。但如果机构达不到一定的规模水平，有些都、道、府、县则不认可机构内的投票。

原因是为了实施机构内的投票，除了作为投票管理者的机构负责人之外，还需要投票监督公证人、辅助者等最少 4~5 人。

《每日新闻》实施了机构内投票的现状调查。从结果可以知道，有 44 个都、道、府、县对机构内投票都设定了满足一定人数的条件。

山形县、群马县和长崎县没有设定人数条件。根据报道，其他的都、府、县根据人数限制和机构种类制定了一些标准。都、道、府之间在选举参与方面存在这种差别是否合适？如果这样，则不得不说高龄养老院中的老人们实际上被剥夺了投票的权利。

成人监护人制度中也有“投票权利”的问题。因为如果找了成人监护人，就无法在选举中进行投票。这作为违反宪法出现过以国家为对象的诉讼。

兵库县姬路市的日间介护服务所（医疗法人・石桥内科）开始实施了一项办法，如果想投票，他们会提供投票所来回接送的服务。石桥理事长认为：“投票是重要的社会参与机会，不仅是一种外出训练，而且可以保持精神上的张力，也能促进康复。”

“投票难民”的解决需要社会性的参与。

日本宪法第 13 条规定“所有国民应作为个人得到尊重。对于生命、自由及幸福追求的国民权利，只要不违反公共福祉，在立法和其他国家政策上必须得到尽可能的尊重”，这是必须得到反复确认的幸福追求权的条文，为了幸福追求就必须保障社会参与。

如果从介护质量的角度思考“投票难民”问题，那么对于无论成为何种状态都要保障社会参与的问题，社会采取的措施还很薄弱，介护的社会权还没有得到保障。社会创造产生的“介护质量的领域”还比较狭窄，实际上很多老年人被剥夺了“知情权”。

视线逐渐变得模糊和听力逐渐变弱的老年人，无论什么身体状况，对于世间的变化，所有人都应该具备对政治、经济、社会、文化、体育信息的知情权。

“知情权”这一思维模式是新确定的社会权之一。自治体的信息公开条例等是知情权的先驱措施。这种新的社会权中包含了基于信息公开的“知情权”和追求舒适环境的“环境权”等。保障老年人的“知情权”使他们能够参与作为政治参与原点的投票，就能提高作为社会一员的生活保障的介护质量。

③力争提高介护质量的福祉国家（“介护保障基本权利”的领域）

人类还没有在高层次的介护质量保障社会常态化方面取得成功。建设高层次的介护质量保障社会是我们的目标。实现介护的自由权和介护的社会权，就能够构建基于60岁起的“能动计划”，通过与老年共生的学习程序开发新能力的社会。

这也可以称是力争提高介护质量的“新福祉国家构想”。实现了福祉国家并不一定就会自动地“提高介护质量”，因此需要追求质量的介护政策。

为了了解提高福祉国家保障介护质量的现实困难性，我们把眼光转向海外，观察一下丹麦的现状。

● 丹麦的家庭护理员与新自由主义的抗争

——福祉国家介护质量改善的社会运动

新自由主义（公共部门的市场化）也从1996年至2006年波及了福祉先进国家丹麦。丹麦在介护服务现场引入了NPM，NPM即新公共管理(New Public Management)，是指新自由主义的行政改革，也可以说是介护的营利化。

丹麦NPM的主要内容是从公共部门到民间部门、促进公共部门和市场的竞争、扩大选择服务利用的自由、国民形象从主权者向富有选择权的消费者转换等。

NPM并不是丹麦的原创，而是发祥于英国，它与美国的企业经营战略相结合而席卷了整个世界。

日本的NPM包括大学的独立行政法人化，图书馆、社会教育馆、公民馆等设施管理的民营化，运用到震灾重建和大城市开发中的放松社会性管制的综合特区构想，学校撤销及统合和中小学校一贯制教育改革等。

我们把旨在推动民间资本参与公共部门的行政改革称为“NPM行政改革”，自治体行政转化为资本利润的场所会导致公共责任发生倒退和福祉水平的下降，关于这个危险性已经有过警告。①

丹麦的“NPM行政改革”经历了以下历程。为了促进自治体行政的民营化和外包化而进行了目标设定（事实上的行政水准下降，1997年）、导入了标杆管理（2002年）、推进了质量的标准化（2004年）、评价（行政评价，2004年）、自我评价（2004年）、利用者满意度（2004年）等。②

其结果是直接冲击了被认为是居家介护关键的家庭护理员。

丹麦的家庭护理员对利用者进行综合性判断而提供着必要的服务。如果老人选择至临终都在家里度过也能够满足其愿望，作为先进国家，丹麦的这种居家介护世界闻名。

为了了解丹麦的居家介护体系状况，很多日本的介护福祉相关工作者前去丹麦进行研修。

但是从1996年开始的“NPM行政改革”使丹麦的家庭护理员被迫和民间进行联动。丹麦的联动（Co-production）意味着民间和公共服务之间的竞争，他们开始强调了自立、自助、老年人相互之间的网络构建。

如此，由丹麦自治体实施的公共介护开始向个人选择的自由以及消费者主权方向进行转换，丹麦作为福祉国家基本的必要充足原则因“NPM行

---

① 拙作：《自治体“構造改革”批判—“NPM行革”から市民の自治体へ》（旬报社、2004年）、《指定管理者制度——“改正”地方自治体法244条の概要と問題点》2004年，《地方分権改革の嘘と実ー福祉を後退にさせる“地域主権国家”構想批判》东京自治体问题研究所、2009年。

② Hanne Marlene Dahl《Who Can Be Against Quality ? A New Story About Home-Dased Care: NPM and Governmentality》、Christine Ceci，Kiristín Bjornsdóttir，Mary Ellen Purkis《Perspectives on Care at Home for Older People》（Routledge，2012年）。

政改革”而发生了动摇。

对于这种介护的企业化和竞争化，家庭护理员提出了异议。

关于介护质量的认识方法，新自由主义与福祉国家也有差别。

新自由主义的“介护质量”依靠个人的自由判断（动机、灵活性等）购买介护商品，基于个人财力而产生“购买”介护的自由。企业为了向购买者提供优质商品而努力提高质量。新自由主义认为这样就能产生企业间的竞争，介护服务的质量就会不断地提高。

在福祉国家丹麦，始终被定位于专业人员的家庭护理员并不认为“介护质量”具有竞争性。作为自治体职员的家庭护理员（基本都是女性），她们认为介护质量应取决于交流是否有保障、尊重所有居民具有的平等接受介护的权利、确保老年弱者的健康和安全、助工和利用者之间的相互理解（即“介护的自治权”）等介护内容。

概括地说，这里凝缩了福祉国家和新自由主义关于介护质量的对抗。两者的区别在于是基于竞争的介护质量提高的市场效率性，还是基于无差别平等和自治权的介护质量提高的社会改革力量。

曾介绍丹麦新自由主义化的铃木优美女士回顾了发生在2008年春的近8周的医疗及介护领域罢工。① 罢工的背景是医生数量的不足不断加剧医疗的新自由主义政策的推进。丹麦医疗的新自由主义是指“医院自由选择制”和“治疗等待期间保障”（最长等待期间不得超过2个月）。因此，为培育民营医院而进行了政府资金的投入。

2008年4月16日，以护士协会、介护认证护工和保育工为中心进行了大罢工。铃木优美氏对约8周的医疗及介护领域的罢工进行了总结，认为罢工使“基于男女工资差距的待遇差别成为论争焦点”，是具备“劳动者权利的罢工”，是“说明存在支援罢工工会的具体事例”。

丹麦与日本之间的差别已无须强调，在日本，公务员的削减得到了支持。这里只想指出日本与把近8周的罢工看成社会改革运动的丹麦之间的差别。

---

① 《デンマークの光と影－福祉社会とネオリベラリズム》Liberta出版社，2010年。

●真正的福祉国家认可“介护保障基本权利”

下面我将尝试着进行一下整理。新自由主义认为介护质量的改善来自于介护提供的公共部门和民间部门之间的竞争。另一方面，家庭护理员则认为充分确保专业工作人员的家庭护理员和利用者之间的交流、提供生活必要的介护并保障这些权利才是介护质量的提高。

因此，家庭护理员需要具备良好的劳动条件。丹麦的这次长时间罢工的确让老人和病人做出了很大牺牲。但是多数国民仍然支持家庭护理员的罢工，原因就是期待通过罢工带来介护质量的提高。

如果不能保障交流，就无法实现老年人的丰富生活。由丹麦家庭护理员发起的社会改革运动还具有提升自我社会地位的社会运动性质。

这些运动取得了带动社会不断提高全民介护水准的成果。我认为这种社会范畴就是把“介护保障基本权利”不断地进行现实化的“高层次介护质量”的形态。

这里所指的国家不只是中央政府，还包括以地方政府（自治体）为首的行政、立法和司法部门。

我认为这个“高层次的介护质量”意味着对所有人授予“高质量介护的接受权”。虽然这还是未知理论上的人权，但并不是没有出现。

本书中多处出现了采取措施进行“介护质量提高”的现场介护，在那里就可以观察到“高质量介护的接受权”的萌芽。

3. 向介护质量的提高出发

在“2050 年问题”的超高龄社会中，并不是对需介护的老年人提供最小限度的介护服务就没问题。接受内容丰富的良质介护、根据年龄和身体的状态持续发挥能力，每个人都应具备拥有这种人生的权利。

为了实现这种人生，就需要能建立高层次介护质量保障权利的福祉国家。介护的质量存在于日常的介护现场，必须推进不断改善介护质量的社会性认识。为此，要更加地普及 DCM、第三者评价和市民参与评价等评价手段，同时不断地挖掘人的潜在能力，有效的评价技术改良也很有必要。

全体社会已经到了认真面对改善介护质量的时代。

我们正在迎接着向介护质量出发的时期。

介护现场的出发是自明天起完全认可认知障碍症患者的人格和人权。

行政的出发是开始在行政计划中制定对介护质量进行定位的综合性政策。

研究者的出发是自明天起深入研究旨在提高人类福祉质量的“知识和技术”。

我们不会停止前进，一步一步不断地向前。

虽然明天的天气无法改变，但可以改变明天的介护质量。

资 料

附表 1 **会议时间及主要议程**

第 1 次	介护的质量和东京都第三者评价（2007.10.19）
报告内容	①何谓介护的质量（森山千贺子/白梅学园大学） ②来自东京都福祉服务第三者评价者的经验（小松爱子/地区介护综合评价机构）
第 2 次	第三者评价的实施和服务质量的提高（2007.12.21）
报告内容	第三者评价是否提高了认知障碍症专业养老院的介护质量（金泽彩子/Sukoyaka 福祉会认知障碍症部）
第 3 次	以提高服务质量为目的的两个体系（2008.3.14）
报告内容	旨在提高福祉和介护服务质量的评价制度与信息公开的比较分析（朴美兰/东洋大学研究生院福祉社会体系专业）
第 4 次	关于地区介护综合支援中心的应有方式和展望（2008.5.30）
报告内容	依托地区介护综合支援中心实施地区介护的局限（须藤千香子/川崎地区综合支援中心）
第 5 次	关于介护所处的环境和介护的质量（2008.7.25）
报告内容	①介护现场的劳动环境和介护质量——向资格可以得到充分利用和提高的环境转换及其课题（森山千贺子/白梅学园大学） ②医疗和介护的适度化是否能够促进介护质量的提高。
第 6 次	介护的质量及其专业性（2008.10.3）
报告内容	①关于看护、介护中的护理技能 ——介护中的“专业性和合理的护理应有方式”（江原文子/护士） ②什么是居家介护中的服务质量和专业性 ——支援居家生活的多角度视点和多种措施（原玲子/东京 SAKURA 福祉会）

续表

第 7 次	团队介护和介护质量（2008.12.5）
报告内容	①从长期的经验叙述介护现场中的团队介护应有方式与介护质量的关联性 （中山美千代/特别养护养老院葛饰 YASURAGI 之乡 院长） ②从社会保障国民会议的最终报告和东京都社会福祉审议会的意见建议中读取团队介护的应有方式（安达智则/健和会医疗福祉调查室）
第 8 次	福祉服务第三者评价制度与介护服务公开制度（2009.2.13）
报告内容	（朴美兰/东洋大学研究生院福祉社会设计专业）
第 9 次	“提升 3%”能否提高“介护质量”、对介护人才的确保和介护质量提高的课题和展望（2009.4.8）
报告内容	①对介护人才的确保和介护质量提高的课题和展望（森山千贺子/白梅学园大学） ②介护服务业的报酬修改模拟（渡边史朗/社会福祉法人 SUKOYAKA 福祉会）
第 10 次	意在“介护质量提高”的介护劳动现场的意见（2009.6.12）
报告内容	①从家庭护理劳动中发现的 2009 年介护报酬修改中的问题 （金海由美子/3friends 友爱介护中心） ②怎样才是符合重视利用者生活愿望的家庭护理员视点 （藤原 RUKA/家庭护理员·共同相互学习介护·相互鼓励的社交群体）
第 11 次	制度实施以来，什么是介护保险制度改革的最初焦点！ 从“地区综合介护”和“小规模多功能机构”的实践中思考（2009.7.30）
报告内容	①小规模多动能机构·马渡之家的介绍、适合和不适合小规模多功能机构的人、运营上的问题及展望（青山 TO 志子/小规模多功能机构 马渡之家） ②从“地区综合介护研究会报告”中来看根本性修改的论点（森山千贺子/白梅学园大学）

续表

第12次	从父母介护中观察地区介护体系——民主党政权是否能够实现（2009.10.9）
报告内容	①依靠长野县小诸的地区介护体系，直至最后都保持居家生活的父母；柏市的居家介护实践（远藤富子/原葛饰区保健师、居住柏市） ②对地区综合介护研究会报告的研究——民主党政权下的地区综合介护的发展方向 （安达智则/健和会医疗福祉调查室）
第13次	柏市的实践！地区中合作介护的实践。婴儿、年轻人、老人、残障者都在才是自然的状态。从这种想法出发……（2009.12.4）
报告内容	重视人与人之间的交流。不要按照规定的程序，利用者和工作人员要同时愉快 （桥洋子/NPO日间服务HOGARAKA）
第14次	“对轻度老年认知障碍症患者和家属的介护”构建支援介护环境的社会支援网络（2010.2.5）
报告内容	对介护者的直接照顾及支援体系的创建。构建使容易陷入孤立的介护者与社会对接的体系 （渡边道代/岩手县立大学/NPO法人介护者支援社会网络ARAJIN）
第15次	《来自轻度老年认知障碍症患者和家属之会（若叶之会）的现场》——来自医生的报告（2010.4.2）
	杉山恒之、柳田浩/新天本医院健忘门诊医生
第16次	来自记者的不能写上报纸的认知障碍症介护现状报告——隐藏于采访稿中的珍谈（2010.6.4）
	有田浩子/每日新闻、饭田祐子/《读卖新闻》
第17次	轻度老年认知障碍症的介护家属面临的困难和成人监护——以Bouquet之会（练马认知障碍症患者和家属之会）的活动事例为中心（2010.8.6）
报告者	小泉晴子/练马认知障碍症患者和家属之会、NPO法人成年监护推进社会网络KOREKARA
第18次	重视本人仍想工作的愿望——通过ORIDURU木工店的活动对轻老年认知障碍症患者及其家属进行支援（2010.10.8）
	前田隆行/轻熟年认知障碍症之日ORIDURU木工店

续表

第 19 次	地区综合介护创建的结缘社会的未来形象——时代正在从血缘、地缘向社会性结缘发展（2010.12.3）
报告内容	①参加 NHK 的无缘社会节目（藤原 HARUKA/护理员・共同相互学习介护・相互鼓励社会网络） ②地区综合介护创建的结缘社会的未来形象（森山千贺子/白梅学园大学）
第 20 次	"直至最后都能'保持个人尊严'地居住在家的居家介护"——东京千住地区的巡回型 24 小时居家介护的实践（2011.2.4）
报告内容	乘坐自行车来往于千住街道的白衣天使们（龙良子/千住介护福祉中专校）
第 21 次	"支援'人的个人尊严'的居家介护"（2011.4.8）
报告内容	基于江东区的自立支援法的居家介护实践（汤田达也・山内美知代/Family-care 大岛）
第 22 次	"应从 3・11 学习'介护保障'"——灾害发生时受到考验的"地区综合介护"（2011.6.10）
报告内容	①评论家对受灾地区援助和介护质量的思考（饭田祐子/《读卖新闻》） ②对利用介护质量的居住条件和社会性基础设施的思考（山下千佳/居住和环境改善社会网络）
第 23 次	"深化第 5 期介护保险事业计划"——高龄者现状调查（201.8.5）
报告内容	①关于小平市的第 5 期介护保险事业计划・高龄者保健福祉事业计划（森山千贺子/白梅学园大学） ②介护保险修改和第 5 期保险事业计划（安达智则/健和会医疗福祉调查室）

附表 2　　介护质量和评价体系研究会学习交流会上的研究内容

介护质量的评价项目

※量性评价：(1) 经常，(2) 大部分，(3) 有时，(4) 从未

※质性评价：(1) 非常优秀，(2) 适当，(3) 需要努力，(4) 需要改善

评价项目	量性评价	质性评价
1. 自我决定的保障		
①保障了利用者对生活的全部事项的自我决定	(1) (2) (3) (4)	(1) (2) (3) (4)
②为了使利用者能够做到自我决定，提供了各种选择	(1) (2) (3) (4)	(1) (2) (3) (4)
③敦促利用者做出自我决定	(1) (2) (3) (4)	(1) (2) (3) (4)
④代表利用者做出自我决定	(1) (2) (3) (4)	(1) (2) (3) (4)
⑤对于利用者做出的决定，一起思考实施的方法	(1) (2) (3) (4)	(1) (2) (3) (4)
2. 尊重个性的介护		
①把握了利用者生活所有方面的个性	(1) (2) (3) (4)	(1) (2) (3) (4)
②实施着考虑如何使利用者生活持续的个体介护	(1) (2) (3) (4)	(1) (2) (3) (4)
③实施着尊重利用者生活讲究的个体介护	(1) (2) (3) (4)	(1) (2) (3) (4)
④实施着照顾利用者喜好的个体介护	(1) (2) (3) (4)	(1) (2) (3) (4)
⑤了解利用者的人际关系并在此基础上实施个体介护	(1) (2) (3) (4)	(1) (2) (3) (4)
3. 能够发挥利用者能力的介护		
①实施着相信和挖掘利用者能力的介护	(1) (2) (3) (4)	(1) (2) (3) (4)
②掌握利用者具备的能力，实施着能促使其察觉自身能力的介护	(1) (2) (3) (4)	(1) (2) (3) (4)
③为了使利用者具有发挥自我能力的欲望，实施着能够提高意欲的介护	(1) (2) (3) (4)	(1) (2) (3) (4)
④为了使利用者能够发挥能力，实施着包括改善环境氛围在内的介护	(1) (2) (3) (4)	(1) (2) (3) (4)
⑤实施着维持利用者所发挥的能力并在其他生活场面进行运用的介护	(1) (2) (3) (4)	(1) (2) (3) (4)

附表 3　　介护质量的评价项目

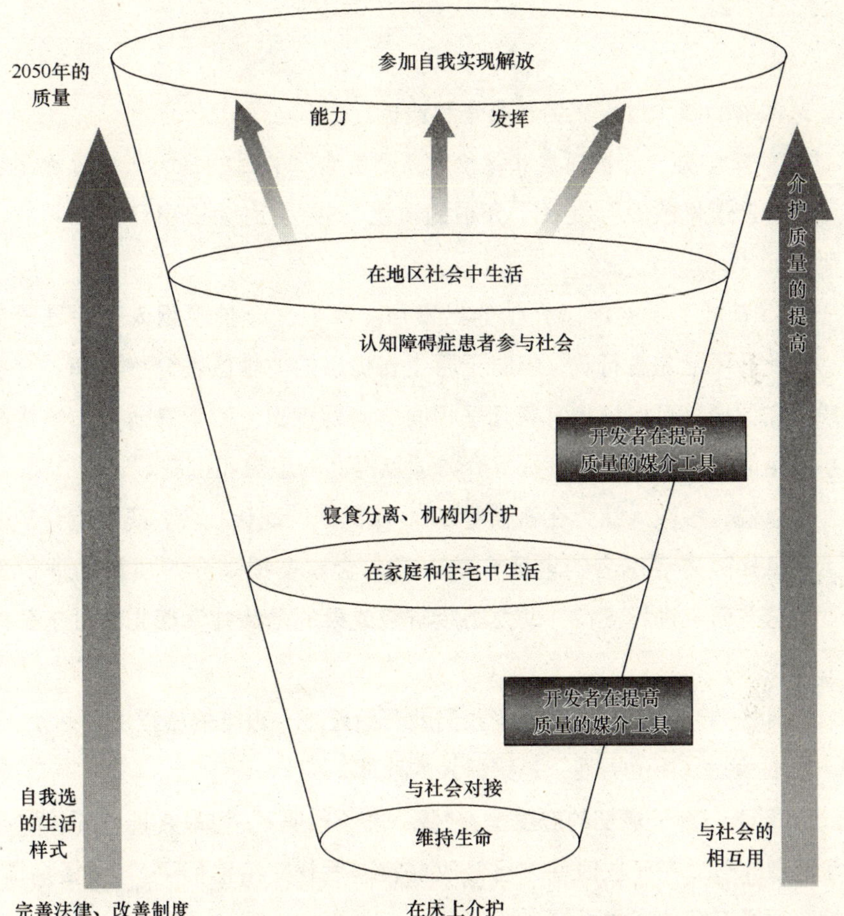

图 5　介护质量的发展水平以及发展机制（模式图）

制作：森山千贺子

后 记

这本书的制作过程充满着艰辛和波折。

2007 年创办“介护质量和评价体系研究会”的目的是为了在预测下次介护保险制度修改时会提及“介护的质量”，并同时会提出介护现场的评价手段。

2012 年成了新的地区介护的出发点。我们是介护现场人员，是研究者，因此并不能左右行政，但对于厚生省提出的“地区性介护”和“介护的质量和评价”可以说也有着几乎相同的问题意识。我们在研究力争提高介护质量的事例，同时也在探寻介护质量提高的思想和机制。

可以说，多数人认为在面临着 2050 年问题的现代社会，高龄者介护的焦点是认知障碍症患者的地区介护以及包含旨在提高介护质量的评价手段。对这些研究进行支持并助力出版研究成果的是武井幸穗先生（东都协议会副议长）。

“好！一起做吧！”说完这些我们就开始着手，艰难的旅程便开始了。

“5 位女性、1 位男性”是撰稿人的戏谑。

竹森 CHIYA 子最初的态度是：“我不写不行吗?”但最终把“简体”改为了“敬体”。“花了些时间，已修改好，以后就交给你们了。”通俗易懂，不愧是超级专家的实力发挥。

森山千贺子因要去韩国，不知能否在规定时间内交稿，但内容越来越好。在 23 次的研究会上的发表次数是 6 次。企划、推进以及最多次的报告，一个人承担了三个人的任务。

渡边道代……内容定范式转换吧，因为能连续三天写完（指能够通宵的时间）。他在实施介护的同时阐明了介护者权利的普遍性。

铃木优子认为这是很好的机会，她在想要不也加入撰稿?”“因有利于评价事业就参加吧，但说过后会后悔吧。”最后，她在精神衰弱中完成了此稿。

朴美兰认为如果对每个人都能提供好的介护，世界的高龄者就会变得幸福。这是在日本学习、在日本的学校教学、持续对质量评价体系进行探讨的出发点。因这次投稿，从教室走进了社会，但不是为了旅游。通过韩语翻译，一定会站在民间外交的最前线。

安达智则认为 6 个人要拧成一股绳。虽然不知道要登的山有多高，但逐渐去适应就能水到渠成。

在介护质量的改革中没有后退之路。

在完成原稿后才知道，我们只有不断地去攀登。然后，通过和更多人的相遇、通过制作有关介护质量的书籍，似乎如果向读者持续倾诉就能尽快地起到提高介护质量的作用，我们也因此有了希望。

介护质量的改革也是亚洲地区的问题。

已超过日本速度成为高龄社会的中国和韩国，也关注着日本的高龄介护的理论和实践。我们认为应该向亚洲传递我们的信息，高质量的概念图和质量评价指标被翻译成了日语、中文和韩语并刊载在了书中。如果这些信息能够成为将来与亚洲福祉交流的契机，我们将无比兴奋。

从我自身来说，至今为止发表的调查报告、合著、专著等已接近 200 种。但是翻译成日语之外的语言资料并进行刊载，本书还是第一次。实际上这本书令人颇有感慨。

感谢 CreatesKamogawa 的田岛英二先生（社长）和冈田温实先生（编辑）。CreatesKamogawa 和我们一起制作了这本不易理解的书，在此深表感谢。有些私话只用礼节是无法表达的。

本书的题目直到最后阶段都还是暂定，最后，最大的难题就是取书名。在编辑该书的过程中，“寻求高质量介护的社会”“由社会整体创造介护的质量”等标题不断被反反复复地修改。冈田先生担起了教父的责任，终于尘埃落定为《向介护的质量“2050 年问题”的挑战——旨在多彩地度过高龄化比率 40%时代》。找到落地点是这本书的幸福。

介护质量定义的开始来自于现场的研究，研究、整理、再把研究用于现场，以这种心愿编制了本书，希望能把这种心情传达给各位读者。

执笔代表　安达智则

编著者介绍

森山千贺子（Moriyama Chikako）

第二篇第一章

白梅学园大学儿童学学院家庭地区支援学系副教授，一般社团法人地区介护综合评价机构理事代表。大学毕业后 15 年间，在高龄者介护机构以及居家福祉领域从事介护有关工作。1998 年起，任町田福祉中专学校专职讲师，2001 年起进入白梅学园短期大学（大专）保育系（福祉专业）任讲师、副教授。同时，也是认证介护护工、认证社会福祉士。

安达智则（Adachi Tomonori）

第一篇第一、二章，第二篇第二章、结束语

健和会医疗福祉调查室室长，负责福祉、介护业务的企划工作。作为地区介护 carenetwork · com 东京办事处负责人，承担了维护介护现场以及研究人员网络平台的工作。作为东京自治问题研究所研究员，以将东京改革成福祉城市为梦想，进行行政、财政分析以及政策制定。著有《〈空〉と〈音〉と〈水の東京の都市改革〉》（刊载于《东京问题》，CreatesKa-mogawa，2007 年）等。今后，安达智则要加深与专注介护质量的人们之间的相互联系，立志进行关注亚洲“2050 年问题”的民间外交。

执笔者（按执笔顺序）

竹森 CHIYAKO（Takemori Chiyako）第一篇第三章

社会福祉法人 SUKOYAKA 福祉会理事、护士，学校法人东都医疗福祉学院理事。曾在医疗法人财团健和会柳原医院地区护士科、内科住院部、同法人 MISATO 健和医院工作，现任同法人老人保健机构千寿之乡负责人。2001 年 4 月，在社会福祉法人 SUKOYAKA 福祉会特别养护养老院葛饰 YASURAGI 之乡开设时，作为机构负责人就任，2006 年退任。

渡边道代（Watanabe Michiyo）第二篇第二章

NPO 法人介护者支援网络中心 ARAJIN 副理事长、社会福祉士、精神保健福祉士、介护管理员。大学毕业后，曾担任都内医疗社会工作者、中专教员、大学教员，从事福祉和介护领域的工作。现在因父母、伯父、妹妹的介护而退休，开始了大学及中专的合同制讲师工作，研究及活动的主题是介护者支援。

铃木优子（Suzuki yuko）第三篇第一章

从事出版社工作，担任“地域ケアネットワーク・こむ”机构杂志的编辑。从 2004 年开始工作于一般社会法人地区综合评价机构，除负责办公室工作外，也负责“介护服务信息的公开”制度的调查工作。

朴美兰（Paku Miran）第三篇第二章

介护认证护工、社会福祉士、认知障碍症介护专业人士、DCM 基础观察员、千住介护福祉中专学校介护福祉系专职教员。一般社会法人地区介护综合评价机构评价员。从大学时代在认知障碍症高龄者专业养老院打工时开始关心认知障碍症高龄者的介护，以介护质量的评价为研究主题，现在仍在攻读东洋大学研究生院博士学位。